LEVI LUSKO

CON TAMA FORTNER

RUGE COMO UN LEÓN

90 DEVOCIONALES PARA ALENTAR TU FE

ILUSTRADO POR CATHERINE PEARSON

PATMOS

Ruge como un león: 90 devocionales para alentar tu fe

Publicado por Editorial Patmos, Miramar, FL 33025, Estados Unidos.

Publicado originalmente en inglés por Tommy Nelson, PO Box 141000, Nashville, TN 37214, con el título *Roar Like a Lion*.

Traducido por Carina Valerga.

Revisado por Florencia Himitian.

Adaptación del diseño en español por Adrián Romano.

ISBN: 978-1-64691-239-1
ISBN: 978-1-64691-240-7 (eBook)

Categoría: Devocional / Niños.

Impreso en Brasil | *Printed in Brazil*.

Dedicado a Lenya Avery Lusko, también conocida como Lenya, la leona. ¡Gracias por enseñarme a rugir! ¡Te extraño ferozmente, y se me hace larga la espera para verte en el cielo!

CONTENIDO

INTRODUCCIÓN

ME ENCANTAN LOS LEONES. Son feroces, majestuosos, fuertes, simplemente increíbles. Así que cuando Jesús es llamado el León de la tribu de Judá ¡es un *gran* cumplido!

No hace mucho tiempo fui a un mini safari en Sudáfrica donde aprendí muchas cosas asombrosas sobre los leones. ¿Sabías que los leones adultos son *súper depredadores*? Eso significa que están en el primer eslabón de la cadena alimenticia. ¡Ningún otro animal amenaza ni caza a un súper depredador! Otra característica de los leones es que se mantienen unidos. Son los únicos miembros de la familia de los felinos que viven en grupos, llamados *manadas*. Estas pueden estar integradas por hasta quince o más leones, que trabajan juntos para cazar y criar a sus leoncillos.

La forma en la que cazan los leones es realmente formidable. Son los únicos felinos que poseen una cola con nudos, y la usan para «hablar» con otros leones mientras están en una cacería. Los leones también caminan en puntas de pie, ¡como bailarinas o boxeadores! Esto aligera sus pasos, permitiéndole a un león adulto correr hasta cincuenta millas por hora (¡la misma velocidad que un automóvil!), y saltar hasta treinta y seis pies de distancia (imagínate colocar un poste de teléfono de madera en el suelo y saltar de un extremo al otro, ¡eso es lo que ellos pueden hacer). La vista de un león es seis veces superior a la nuestra, especialmente en la oscuridad. Es como si estuvieran usando binoculares de visión nocturna todo el tiempo.

Los leones no son súper recios ni fuertes al principio. Al nacer, un cachorro de león es completamente ciego y debe permanecer cerca de sus padres y de la manada por protección. De hecho, pasan los primeros dos años de su vida creciendo y aprendiendo todo lo que necesitan saber para sobrevivir en el mundo salvaje.

Al igual que un cachorro de león, tú también pasarás los primeros años de tu vida creciendo y aprendiendo aquello que necesitas saber para sobrevivir en este mundo salvaje. Una de las razones por las que escribí *Ruge como un león* fue para ayudarte precisamente a hacer eso.

Este libro contiene noventa devocionales. Cada uno comienza con un versículo de la Biblia. ¿Podría haber algo mejor? Luego hay una reflexión acerca de Dios y lo asombroso que es. En la sección «¿Lo sabías?» aprenderás datos históricos súper interesantes (¡mi parte favorita!). Y en «¡Prepárate para rugir!» te daré algunas recomendaciones para desarrollar tu valor y tu «rugido» en este mundo. Cada devocional diario termina con una oración para que conectes tu corazón con el de Dios. *Ruge como un león* fue escrito en honor a mi hija Lenya, quien ahora vive con Jesús, pero rugió en esta vida como un pequeño e increíble león que seguramente ahora estará rugiendo en el cielo. Lenya era extremadamente curiosa, y espero que *Ruge como un león* impulse también tu curiosidad y te anime a profundizar en la Palabra de Dios.

Mi oración es que a medida que avances en la lectura de este libro, ya sea a la hora de acostarte, durante la comida o incluso como parte de tus tareas escolares, puedas anclar tu corazón al cielo y crecer en tu amor por Jesús, ¡el verdadero Rey León!

—Levi

PD: Hablando de anclas, ¡presta atención! Hay anclas ocultas en las ilustraciones de este libro. ¿Con qué fin? El ancla es una de las mejores imágenes que representa lo que es tener a Jesús como tu Salvador y Amigo. (Echa un vistazo a «El ancla» en la página 134 y averigua por qué.) Hay veinte en total. ¿Cuántas podrás encontrar? Las respuestas están en la página 192.

1

RUGE COMO UN LEÓN

Pues Dios no nos ha dado un espíritu de temor y timidez sino de poder, amor y autodisciplina.

2 TIMOTEO 1:7

¿HAS ESCUCHADO EL DICHO «tan valiente como un león»? Comparamos el ser valientes con ser como leones porque realmente ellos no le tienen miedo a casi nada. Ni a los búfalos, ni a los rinocerontes, ni a los elefantes, ¡ni siquiera a los cocodrilos! Los leones pesan hasta quinientas libras, que es el equivalente al peso de cincuenta gatos domésticos uno encima del otro. Su peso, fuerza y audacia los convierten en una gran potencia en el mundo salvaje.

La Biblia dice: «Los justos son tan valientes como el león» (Proverbios 28:1). Tienen el valor para hacer lo que Dios dice que es bueno y correcto, incluso cuando todos los demás están haciendo lo malo. Sus vidas «rugen» cuando muestran la bondad de Dios.

Ahora, si alguna vez has escuchado el rugido de un león, ya sea en el zoológico o en una película, sabes que es un sonido tan fuerte y alto que todos se detienen a escucharlo. Y eso es exactamente lo que Dios quiere que hagas en tu vida: que rujas tan fuerte que todos se detengan a escucharte.

¿Cómo puedes rugir con tu vida? No tiene que ver con tus cuerdas vocales, sino con que te atrevas a vivir de un modo diferente al resto. Tu vida ruge cuando tienes el valor de seguir a Dios sin importar las circunstancias. Ser «valiente como un león» no significa que nunca tendrás miedo. Significa que eliges hacer lo bueno y lo correcto a pesar de todo. Ese tipo de valentía no viene de tu interior ni es con tus fuerzas. Solo puede venir del Espíritu y del poder de Dios.

Así que lánzate y ruge como un león.

¡Deja que el mundo entero sepa cuán asombroso, increíble y poderoso es tu Dios!

¿LO SABÍAS?

En la naturaleza, los leones rugen por tres razones: para que los demás leones sepan dónde están, para demostrar lo poderosos que son y para asustar a sus enemigos. Por lo tanto, tú también deberías rugir por las mismas razones: para que los demás creyentes sepan dónde estás y que no están solos, para mostrar cuán poderoso es Dios y para asustar a tu enemigo, el diablo. Porque cuando ruges con el poder de Dios el diablo huye (Santiago 4:7).

SEÑOR, AYÚDAME A RUGIR COMO UN LEÓN PARA QUE PUEDA HABLARLE AL MUNDO ENTERO DE TI. AMÉN.

2 ASÍ QUE QUIERES SER VALIENTE

En cuanto oro, tú me respondes;
me alientas al darme fuerza.

SALMOS 138:3

A ¿ASÍ QUE QUIERES SER valiente? ¿Quieres defender lo que es correcto, ayudar a los que están desesperados y luchar contra el mal? ¿Quieres hacer brillar la luz del amor y la verdad de Dios en este mundo lleno de oscuridad? ¿Quieres volar por el aire y lanzarte hacia abajo para rescatar a alguien en el momento oportuno? De acuerdo, tal vez esto último no. (Pero, ¿no sería genial?). Para hacer todas estas cosas debes ser valiente.

Y esto es lo que necesitas saber para ser valiente: no necesitas tener músculos como Superman ni reflejos rápidos como Wonder Woman. No necesitas

escalar paredes como Spider-Man ni hablar con delfines como Aquaman. No necesitas el escudo del Capitán América ni el traje de hierro de Iron Man. (Pero, de nuevo pregunto, ¿no sería genial?). La verdad es que solo hay una cosa que necesitas para ser valiente: a Dios.

Porque Él tiene *todos* los superpoderes. Él se eleva sobre el viento para rescatar a su pueblo (Salmos 18:10). Él les da órdenes a los truenos y a los relámpagos (Salmos 18:14). ¡Ningún enemigo puede hacerle frente! Y cuando creas que Él es quien dice que es, y que hará lo que dice que hará, cuando lo ames, lo obedezcas y confíes en Él, Dios derramará su poder sobre ti (Efesios 1:19-20). Y te ayudará a ser lo suficientemente valiente para hacer lo correcto. *Esa* es la esencia de un verdadero superhéroe.

SEÑOR, QUIERO SER VALIENTE, NO PARA PODER SER COMO UN SUPERHÉROE SINO PARA DECIRLE AL MUNDO LO SÚPER INCREÍBLE QUE ERES. AMÉN.

¿LO SABÍAS?

Los mejores superhéroes no se encuentran en las películas ni en las historietas. Los hallamos en la vida real. Una de ellas fue Harriet Tubman, quien nació como esclava en Maryland alrededor de 1820. Fue golpeada y, a menudo, solo la alimentaban con sobras. En 1849 Harriet utilizó el Subterráneo, una red de personas que escondían a los esclavos que trataban de escapar, para llegar a Pensilvania y así encontrar su libertad. Pero eso no fue suficiente para ella. Más adelante se convirtió en la conductora del Subterráneo y ayudó a más de trescientos esclavos a escapar. Llegó a ser conocida como «Moisés» porque, al igual que él, ella llevó.

3

¿SÉ TÚ MISMO?

Dios quiere que ustedes sean justos los unos con los otros, que sean bondadosos con los más débiles, y que lo adoren como su único Dios.

MIQUEAS 6:8- TLA

¿HAS ESCUCHADO EL DICHO «Sé tú mismo»? Es bastante popular en estos días. Significa que debes hacer lo que desees, lo que te haga feliz. Por supuesto que eso también significa que todos los demás deberían ser libres para hacer lo que deseen, lo que los haga felices. Suena bien, ¿verdad?

Pero, ¿qué sucede si lo que te hace feliz a ti hace infeliz a otra persona? ¿O lo que hace feliz a otra persona te lastima a ti? Eso definitivamente no suena tan bien. Dios tiene un plan mucho mejor. En lugar de hacer lo que te haga feliz, Dios dice que debes *hacer lo que es correcto para los demás.*

¿Qué significa eso? Un versículo impresionante en el pequeño libro de Miqueas lo resume muy bien: «Dios quiere que ustedes sean justos los unos con los otros, que sean bondadosos con los más débiles, y que lo adoren como su único Dios» (6:8, TLA). Porque vivir de la manera en que Dios quiere que vivas no se trata de *ti* en absoluto. Se trata de Dios y de los demás. ¿Ves? Dios te creó para mostrarles a todos a tu alrededor que Él es asombroso y que está lleno de amor. Y la mejor manera de hacerlo es tratar a todos de la manera en la que Dios te trata a ti, con mucho amor y bondad.

Por lo tanto, en lugar de ignorar a tu hermano, permítele que juegue videojuegos contigo. En vez de interrumpir a tus amigos para hablar sobre lo que tú quieres, escúchalos y muéstrales que te interesa lo que a ellos les importa. Ayuda a tu papá a guardar los comestibles y ofrécete a ayudar a tu mamá a preparar la cena.

¡Sal y muéstrale al mundo lo increíble que es Dios!

¡PREPÁRATE PARA RUGIR!

Miqueas 6:8 nos presenta tres maneras de vivir para Dios. Hoy hablaremos acerca de la bondad. ¿Con quién puedes ser extra amable hoy? Tal vez puedes incluir a tu hermano o hermana pequeña en un juego con tus amigos, o puedes ofrecerles el mejor asiento del automóvil, aunque por lo general sea el tuyo. Ofrécete a alcanzarle el correo a un vecino mayor. O simplemente sé amable con tu comunidad recogiendo la basura. ¿Cuántas cosas bondadosas puedes hacer hoy?

SEÑOR, ENSÉÑAME A SER QUIEN TÚ SOÑASTE QUE FUERA CUANDO ME CREASTE, PARA PODER HACER LO CORRECTO, SER AMABLE Y CONFIAR EN TI. AMÉN.

4

ASUSTADO Y VALIENTE

El Señor su Dios va delante de ustedes.
Él peleará por ustedes.

DEUTERONOMIO 1:30

MUCHAS VECES PUEDES EVITAR los problemas si tomas buenas decisiones. Por ejemplo, si dices la verdad no te meterás en problemas por mentir. Si mantienes tus ojos en tu propio examen nadie pensará que eres tramposo. Si eres amable y servicial no te meterás en problemas por ser descortés.

Pero hay ciertos problemas que no podemos evitar, a pesar de lo buenas que sean nuestras decisiones, como, por ejemplo: enfermarnos, escuchar a nuestros padres discutir o perder a alguien que amamos. Nadie elige que cosas así le sucedan, pero a veces simplemente pasan.

Cuando llegan los problemas puede resultarnos aterrador. Y está bien tener miedo. Pero no tienes que quedarte atrapado por él. Puedes estar asustado y ser valiente al mismo tiempo.

¿Cómo? Acudiendo a Dios en oración. Él nunca tiene miedo, y siempre está dispuesto a ayudarnos.

Dios comienza a contestar tus oraciones incluso antes de que termines de orar (Isaías 65:24). Y Él nunca te abandonará para que tengas que abrirte camino solo en medio de una jungla de problemas. Tampoco se quedará parado a tu lado para verte luchar. No, Él irá delante de ti y comenzará a luchar *por* ti. Despejará el camino y se asegurará de que tengas todo lo necesario para llegar al otro lado.

La próxima vez que te encuentres en problemas llama a Dios, y luego observa cómo te responde.

DIOS, GRACIAS POR ESCUCHARME Y RESPONDERME SIEMPRE. CONFÍO EN QUE SIEMPRE LUCHARÁS POR MÍ. AMÉN.

¿LO SABÍAS?

Corrie ten Boom estaba trabajando en la tienda de relojes de su familia, cuando los nazis invadieron Holanda. Estos comenzaron a acorralar a los judíos y a enviarlos a campos de concentración donde murieron millones de personas. Corrie no era judía, por lo que podría haber ignorado lo que estaba sucediendo a su alrededor. Sin embargo arriesgó valientemente su vida escondiendo a los judíos en una habitación secreta de su casa. Cuando los nazis se enteraron, ella y su familia fueron arrestados y llevados a un campo de concentración. Sin embargo, ella sobrevivió y, más tarde, con la ayuda de Dios, incluso pudo perdonar a aquellos que le habían hecho daño.

5

ASPIRANTE A LEÓN

¡Estén alerta! Cuídense de su gran enemigo, el diablo, porque anda al acecho como un león rugiente, buscando a quién devorar.

1 PEDRO 5:8

EL LEÓN SE AGACHA en la hierba, sin mover un solo músculo ni hacer un solo sonido. Está observando a su presa, que ni siquiera sabe que el enemigo está allí. Y espera el momento perfecto para... *¡lanzarse!*

Es fácil darse cuenta de lo peligroso que es un león cuando acecha a su presa, pero el diablo es aún más peligroso. La Biblia dice que es como un león: está agachado y escondido, merodeando, ¡esperando el momento perfecto para saltar! No es que el diablo quiera morder tus piernas o dedos de los pies, sino que quiere devorar tu paz, tu gozo y tu confianza en Dios. Esos son sus bocadillos favoritos.

Sin embargo, el diablo es solo *como* un león. Es un aspirante que desearía poder ser tan poderoso como el verdadero León. Es como si estuviera rugiendo desde adentro de un disfraz de león.

¿Quién es el verdadero León? ¡Jesús, el León de Judá! Cuando confías en Jesús y crees que es el verdadero Hijo de Dios, Él se interpone entre tú y el diablo. Y ningún aspirante a león puede superarlo.

En la naturaleza puedes descubrir que un león busca animales que están molestos, preocupados y asustados. Esa es una muy buena manera de detectar al diablo también. Si estás molesto, preocupado o asustado pídele a Dios que te muestre qué mentiras podría estar rugiéndote el diablo. Luego echa un vistazo a las verdades que en la Biblia. Ni siquiera un aspirante a león puede alejarte del amor ni del cuidado de Dios (Romanos 8:38-39).

SEÑOR, CUANDO EL DIABLO ME RUJA, ¡AYÚDAME A RECORDAR QUE TÚ ERES MÁS GRANDE Y FUERTE DE LO QUE ÉL PUEDE LLEGAR A SER! AMÉN.

¿LO SABÍAS?

¿Por qué Jesús es llamado «el León de Judá»? El león es el «rey de todas las bestias», mientras que Jesús es el «Rey de todos los reyes». Es por eso que a Jesús a veces se lo compara con un león. La palabra Judá viene de un hombre llamado Judá. Fue uno de los doce hijos de Jacob (Génesis 49). Además, Judá era también el tátara, tátara, (y un montón de tátaras) tatarabuelo de Jesús, lo que hace a Jesús miembro de la familia de Judá. Por eso se lo llama el León de Judá. ¡Y cuando Él ruge, ese aspirante a león llamado Satanás huye como un gato asustado!

6

NO ES EL FINAL

Jesús le dijo: —Yo soy la resurrección y la vida. El que cree en mí vivirá aun después de haber muerto.

JUAN 11:25

CUANDO ALGUIEN QUE AMAMOS muere, a menudo se dice que «perdimos a alguien». Supongo que es porque hemos perdido el don de pasar más tiempo con esa persona. Lo que nos queda es un enorme y feo vacío donde antes solía haber abrazos, sonrisas y alegría. Y duele. Caramba, ¡por supuesto que duele! Es difícil levantarse y seguir adelante.

En ocasiones se necesita cada pizca de valor que tengamos para enfrentar las tareas cotidianas de la vida.

Pero tengo que decirte algo muy importante: *Perder a alguien que amas no es el fin de la historia*. Es solo una curva en el camino. Cuando amamos a Dios y confiamos en Él, la muerte es solo el comienzo de una vida completamente nueva en el cielo que es más maravillosa y real que cualquier otra cosa que podamos imaginar. Esa persona que amas está cantando, danzando y disfrutando de su nueva vida con Jesús. Y un día estarás con ella de nuevo, cantando, danzando y disfrutando de tu nueva vida con Jesús tú también. Hasta entonces habrá momentos tristes y algunas lágrimas. Pero cada vez *será* más fácil. Y necesitas saber que está bien volver a ser feliz. Incluso puedes demostrar tu amor y honra a esa persona que perdiste bailando, riendo y recordando todas las cosas maravillosas que ella hizo. Y si necesitas llorar también está bien.

Un día todo nuestro dolor terminará para siempre, y encontraremos a los que perdimos en el cielo, esperándonos.

SEÑOR, AUN CUANDO ESTOY SUFRIENDO, TE ALABO PORQUE LA MUERTE NO ES EL FIN. Y SÉ QUE UN DÍA VOLVERÉ A VER A ESA PERSONA ESPECIAL. AMÉN.

¡PREPÁRATE PARA RUGIR!

Cuando pierdes a alguien que amas, el dolor puede ser tan grande que bloquea todos tus sentidos. Pídele a Dios que llene tus pensamientos de recuerdos buenos y especiales de esa persona, de todas las cosas que te hacían sonreír. Eso sucederá poco a poco, así que comienza a hacer una colección de esos recuerdos. Escríbelos en un diario y agrégales tus fotos favoritas para recordar las veces que compartieron juntos. Y cuando sientas un inmenso dolor, mira los recuerdos que has coleccionado, recuerda los momentos felices y confía en que está bien volver a sonreír.

7

DE PASO

En el hogar de mi Padre hay muchas viviendas... Voy a prepararles un lugar.

JUAN 14:2 - NVI

TEMPORAL SIGNIFICA ALGO QUE dura solo un tiempo. Así es la vida aquí en la tierra: temporal. Estamos de paso. Si eres un seguidor de Jesús esa es realmente una muy buena noticia. Porque solo estás de paso en tu camino al cielo, un lugar tan maravilloso que no se puede describir con palabras. Y te tengo noticias aún mejores: no solo irás al cielo.

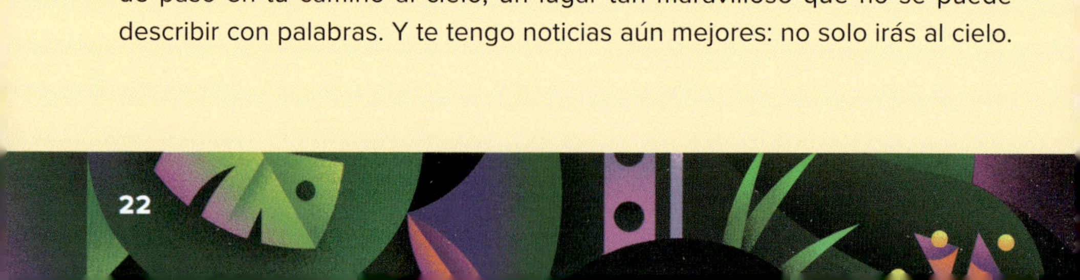

Irás a un lugar que Jesús ha preparado *especialmente para ti*. Lo pintó, pulió y le puso tu nombre en la puerta.

¿Por qué es importante que lo sepas? Porque cuando te enfrentas a un problema, ya sea pequeño o grande como una montaña, puedes recordar que este también es temporal. Saber que tu problema tendrá un final te dará el valor para volverte a levantar y seguir haciéndole frente.

Entonces, si estás luchando contra alguna situación (tu mejor amigo se mudó, tú o alguien que amas está enfermo o tus padres se están separando) no dejes que la magnitud de ese problema te detenga bruscamente. Esta vida es como un viaje, y los problemas son solo una parte de él. Pero no olvides que estás de paso, camino a un lugar maravilloso. Sigue avanzando paso a paso. Sigue haciendo lo que sabes que es correcto, y luego lo siguiente. Claro, se necesita valentía. Pero lo puedes hacer. Porque Dios está de tu lado, y tú estás de paso.

¿LO SABÍAS?

Todo en la tierra es temporal. ¡Sino pregúntales a los dinosaurios! Tal vez pueden estar extintos, pero sabemos mucho acerca de ellos. ¿Cómo? La gente ha encontrado los fósiles. Los huesos de dinosaurio fueron encontrados por primera vez en la década de 1820 por el Dr. Gideon Mantell. Pero fue el Dr. Richard Owen quien les dio su nombre, llamándolos *Dinosauria*, que significa «lagarto terrible».

SEÑOR, CUANDO PAREZCA QUE LOS PROBLEMAS NUNCA VAN A DESAPARECER, AYÚDAME A RECORDAR QUE ESTOY DE PASO.

8

¿QUIÉN LO HIZO POSIBLE?

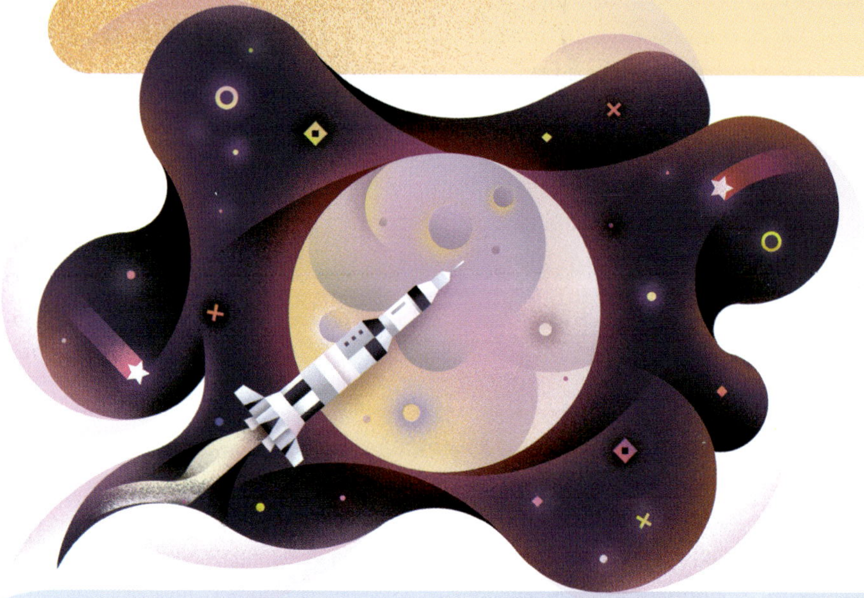

Fijémonos entonces que nos rodean muchísimas personas que demostraron su fe.

HEBREOS 12:1, PDT

CUANDO EL ASTRONAUTA NEIL Armstrong subió a bordo del *Apolo 11* en julio de 1969 llevaba consigo algunos tesoros históricos. Eran piezas de la hélice y de la tela del ala del *Wright Flyer*, el avión piloteado por Orville y Wilbur Wright en el primer vuelo a propulsión del mundo en 1903. Armstrong luego hizo historia él mismo como el primer hombre que pisó la luna.

¿Por qué Armstrong llevó esos objetos al espacio con él? Era un gran admirador de los hermanos Wright y había leído lo que escribían acerca de la aviación.

Pero aún más importante que eso, los hermanos Wright fueron pioneros en la *aviación* (o en el vuelo). En muchos sentidos, fue su estudio, su investigación y sus invenciones lo que posibilitó que más adelante se pudiera llegar a la luna. El vuelo de 240.000 millas de Armstrong a la luna no habría sido posible sin el primer paso dado por los hermanos Wright, un vuelo de 120 pies de largo que duraba 12 segundos. Así que Armstrong quería recordarlos y honrarlos.

¿Quién hizo posible que tú puedas creer en Dios? ¿Quién te mostró el amor y la bondad de Dios? ¿Creciste en una familia rodeada de personas que amaban a Dios? ¿O fue un amigo, un maestro o tal vez un libro lo que te llevó hacia Él? Eleva una oración de agradecimiento a Dios por ellos, y, de ser posible, agradéceles en persona. Luego recuerda y honra lo que hicieron por ti, mostrándole a otra persona el amor y la bondad de Dios. Y ¿quién sabe? Tal vez algún día alguien te agradecerá a ti por haberle mostrado el camino hacia Dios.

¿LO SABÍAS?

Doce de las palabras más famosas de la historia moderna fueron pronunciadas por Neil Armstrong cuando pisó por primera vez la luna: «Un pequeño paso para el hombre, un gran salto para la humanidad». Pero resulta que debería haber habido una palabra diferente en esa frase. Armstrong en realidad dijo: «Un pequeño paso para *un* hombre». Pero, ya sea por corregir un error o por un malentendido, la frase quedó algo diferente. ¡Así que una de las citas más famosas de la historia ni siquiera la dijo él!

SEÑOR, GRACIAS POR AQUELLOS QUE ME HAN MOSTRADO LO BUENO QUE ERES. PERMÍTEME VIVIR DE UN MODO QUE MUESTRE A LOS DEMÁS CÓMO PODER ENCONTRARTE A TI. AMÉN.

9

VIENEN TIEMPOS FELICES

El llanto podrá durar toda la noche, pero con la mañana llega la alegría.

SALMOS 30:5

¡IMAGINA UNA TORMENTA TAN oscura y terrible que no puedes ver tu mano frente a tu cara ni siquiera a plena luz del día! Eso es lo que sucedió un domingo de 1935. Sin embargo, esa tormenta no era de lluvia, de aguanieve o de nieve ¡sino de polvo!

En la década de 1930 una terrible sequía azotó parte de los Estados Unidos y duró *años*. Perjudicó especialmente la región del oeste, donde la promesa de regalarles tierras había atraído a miles de «granjeros que estaban de paso» en las praderas. Habían arrancado millones de acres de pasto de la pradera para plantar trigo, sin saber que el pasto mantenía el suelo saludable. Cuando vino la sequía, el trigo murió y la tierra se convirtió en un desierto conocido como el *Dust Bowl* (Cuenco de polvo). Los vientos azotaron, producciendo enormes tormentas de polvo llamadas «ventiscas negras». Una de las peores se produjo el 14 de abril de 1935, día conocido como el Domingo Negro. Paredes de polvo de dos mil pies de altura y doscientas millas de ancho cubrieron las ciudades que van desde Colorado hasta Texas. La gente se escondía en los coches, en los sótanos y hasta debajo de las camas. Más de trescientas mil toneladas de polvo fueron arrastradas por esa tormenta, ¡algunas aterrizando a más de mil millas de distancia!

Probablemente esa gente creía que los años del *Dust Bowl* durarían para siempre. Pero no fue así. El presidente Franklin D. Roosevelt plantó millones de árboles para bloquear los vientos. Las lluvias cayeron, los agricultores aprendieron mejores técnicas de cultivo y las praderas volvieron a ser hermosas.

En esta vida tendrás que atravesar momentos oscuros: una mudanza, una pérdida, una enfermedad o simplemente un día muy malo. Pero esos tiempos difíciles no durarán para siempre. Se trata de una promesa de Dios. Por eso sigue orando y confiando en Él. ¡Se acercan días felices!

¿LO SABÍAS?

El Sahara es un enorme desierto de África. ¡Imagina ver una parte de él en el patio de tu casa! Sucede todos los años. Los vientos levantan millones de toneladas de polvo y lo trasladan a través del Océano Atlántico hasta la selva amazónica, donde fertiliza el suelo. A medida que ese polvo pasa por los Estados Unidos, la parte oriental del país es testigo de un gran espectáculo: esas partículas de polvo causan algunas puestas de sol impresionantes. ¡Es un desierto en el cielo!

PADRE, NO IMPORTA LO DIFÍCIL QUE SE PONGA LA SITUACIÓN, CONFIARÉ EN TI, SABIENDO QUE ME AYUDARÁS A ENCONTRAR TIEMPOS DE FELICIDAD NUEVAMENTE. AMÉN.

10 EN LAS NOTICIAS

Pero Jesús respondió: "Mi Padre siempre trabaja, y yo también".

JUAN 5:17

¡UN TERREMOTO SACUDIÓ LA *ciudad! ¡Explotó una bomba! ¡Ladrones armados se escaparon!*

Suena como salido de la última película de acción, ¿no? Pero también podría tratarse de los titulares que son tendencia en las redes sociales.

¡Hay situaciones bastante aterradoras en este mundo!

El rey Salomón, que fue el hombre más sabio que haya vivido alguna vez (¡excepto Jesús, por supuesto!), dijo una vez: «No hay nada nuevo bajo el sol» (Eclesiastés 1:9). Y tenía razón. Desde que Adán y Eva mordieron por primera vez ese fruto prohibido, cosas malas comenzaron a suceder en este mundo. No es nada nuevo.

Pero incluso antes de que Adán y Eva probaran ese fruto, *Dios* ya estaba presente en el mundo. Él *siempre* está aquí, y *siempre* está obrando en la vida de su pueblo.

Sí, en este mundo suceden cosas malas, y están a la vista de todos. Pero también suceden cosas buenas. Busca las maneras en las que Dios está obrando en medio de todo lo que sucede. Cuando las personas se enferman y sufren, Él está allí, actuando a través de las manos de los médicos y de las enfermeras. Cuando hay algún peligro o se produce un accidente, Él está allí a través de la osadía de los vecinos serviciales, de la fortaleza de los bomberos y policías, y de los soldados valientes.

¿Y sabes qué? ¡Dios también quiere obrar a través de ti! ¿Qué acto de servicio te está pidiendo Dios que hagas? Puede ser tan difícil como enfrentarte con un acosador, o tan simple como abrazar a un amigo que tiene un mal día. Sé valiente y deja que Dios muestre su bondad a través de ti.

¡PREPÁRATE PARA RUGIR!

Escuchamos demasiadas malas noticias. ¿Por qué no compartir algunas de tus buenas noticias? ¿Qué cosas buenas ves en el mundo? ¿En dónde ves a Dios obrar? Usa esas buenas noticias para crear tu propia nota de periódico. Inventa un titular y dibuja una imagen ilustrativa. Hasta podrías escribir una historia completa. Y luego compártela con tu familia, vecinos o amigos. ¡Todos necesitamos escuchar buenas noticias!

QUERIDO DIOS, ES MUY FÁCIL VER TODAS LAS COSAS MALAS QUE SUCEDEN A DIARIO. POR FAVOR, MUÉSTRAME TU BONDAD Y TODAS LAS FORMAS EN LAS QUE ESTÁS OBRANDO EN ESTE MUNDO. Y AYÚDAME A APORTAR ALGO DE BONDAD AL MUNDO TAMBIÉN. AMÉN.

11 VALENTÍA EN LA OSCURIDAD

El Señor, mi Dios, ilumina mi oscuridad.

SALMOS 18:28

EN LA oscuridad todo parece más grande y aterrador. Apaga la luz, y la silla de la esquina de repente se convertirá en un monstruo listo para saltar. Esas cortinas que se balancean con la brisa del ventilador de techo seguramente ocultan algo terrible. Y ese ruido que hay en el pasillo no puede ser nada bueno. Necesitas mucho valor para saltar de la cama y encender la luz, ¡o llamar a gritos a tu mamá o tu papá!

Sin embargo, no solo sentimos miedo de noche. El miedo puede hacernos tropezar en pleno mediodía. Como cuando ese amigo que pensabas que siempre estaba de tu lado comienza a hacer circular un rumor del tamaño de un monstruo, y de repente todos se ríen de ti. O cuando tus padres tienen una fuerte pelea y tu hogar, que parecía sólido como una roca, se balancea como cortinas en el viento. O cuando tienes que recibir una inyección en tu cita con el médico que parece que será realmente dolorosa. O ese pensamiento de preocupación que escuchas dentro de tu mente que te dice que las cosas simplemente no van a salir bien. Ese es el momento de reunir todo el valor y clamar a Dios. Él te escuchará en cada ocasión (Salmos 55:16-17).

Cuéntale acerca del amigo que no resultó ser tan amigo, de la pelea de tus padres y de las preocupaciones que pasan por tu cabeza. Y Él hará brillar la luz de su amor en medio de esos miedos oscuros, y te ayudará a descubrir qué decir y qué hacer. Él caminará a tu lado todo el tiempo (Salmos 23:4). Cada vez que la oscuridad se entrometa en tu mundo clama a Dios, ¡y Él la ahuyentará!

¿LO SABÍAS?

Los ojos de los búhos son como binoculares. ¡En serio! Mientras que los ojos humanos tienen forma de esfera, los ojos de un búho tienen forma de tubos alargados, que actúan como binoculares y los ayudan a detectar las presas a varios metros de distancia, incluso en la oscuridad. Debido a que los búhos son más activos de noche, se los llama *nocturnos*, lo que significa que duermen durante el día y están despiertos por la noche. Y como pueden ver tan bien de noche, ¡nunca le tienen miedo a la oscuridad!

SEÑOR, PORQUE ESTÁS CONMIGO PUEDO SER VALIENTE. TU AMOR ES LO SUFICIENTEMENTE BRILLANTE COMO PARA AHUYENTAR LA OSCURIDAD DEL MIEDO. AMÉN.

12

PERO DIOS...

Es imposible para los hombres, pero para Dios no hay nada imposible.

MATEO 19:26, PDT

DOS DE LAS MEJORES palabras que puedes escuchar son: «pero Dios». ¿Por qué? Porque podemos meternos en todo tipo de líos, complicaciones y o estar en medio de situaciones imposibles, *pero Dios* puede hacer lo imposible, y a menudo lo hace para salvar a su pueblo. Solo piénsalo:

- Los enemigos de Daniel lo arrojaron a una cueva de leones. *Pero Dios* envió a su ángel a cerrarles la boca para mantener a Daniel a salvo (Daniel 6).
- Los hermanos de José estaban tan celosos de él que lo vendieron como esclavo a Egipto. *Pero Dios* usó esos planes malvados para salvar la vida de muchas personas, inclusive a los hermanos de José (Génesis 50:20).

- Josué miraba fijamente los muros de Jericó que se veían poderosos e imposibles de derribar, y se preguntaba qué hacer. *Pero Dios* le dio un plan de batalla inusual que hizo que esas altas paredes se derrumbaran solo dando unas vueltas, con el sonido de una trompeta y con un grito (Josué 6).

¿Leones hambrientos, planes malvados, un muro poderoso? ¡Situaciones imposibles! Pero Dios siempre hace lo imposible.

El mayor ejemplo de «pero Dios» es el que Él nos ofrece a cada uno de nosotros. Verás, cada uno de nosotros se equivoca y peca todo el tiempo. A veces por accidente y a veces a sabiendas. Ese pecado hace que nos resulte imposible estar con Él. *Pero Dios* envió a Jesús a quitar nuestros pecados para que pudiéramos estar nuevamente cerca de Él (Romanos 6:23).

¿Perdón de los pecados y vida en el cielo para siempre? ¡Suena imposible! Pero Dios hizo posible lo imposible.

¿LO SABÍAS?

Un *arqueólogo* es alguien que estudia los objetos del pasado para aprender más acerca de lo que sucedió. Los arqueólogos han estudiado las antiguas ruinas de Jericó, y han encontrado pruebas de que las paredes de Jericó cayeron tal como la Biblia lo dice, sobre ellas mismas. Incluso encontraron una sección de la pared que no se cayó. Podría ser el lugar donde vivía Rahab, la mujer que los espías israelitas prometieron salvar, ya que su casa estaba contra la pared (Josué caps. 2 y 6).

PADRE CELESTIAL, CUANDO MIS PROBLEMAS PAREZCAN IMPOSIBLES DE RESOLVER, CONFIARÉ EN QUE APARECERÁ UN «PERO DIOS» PREPARADO PARA MÍ. AMÉN.

13 ¿QUÉ SI...? VS. LA VERDAD

Pongan todas sus preocupaciones y ansiedades en las manos de Dios, porque él cuida de ustedes.

1 PEDRO 5:7

NO ESTÁS ENFERMO, PERO tienes una sensación de malestar en tu barriga. No sucede todos los días. Pero algunas mañanas inclusive la idea de levantarte de la cama para ir a la escuela hace que tu estómago se alborote.

No hay nada malo en ello. Simplemente se trata de pensamientos como: *¿Y qué si* usas la ropa equivocada y los otros niños se ríen de ti? *¿Y qué si* dices algo incorrecto? *¿Y qué si* el maestro te hace una pregunta y no tienes idea de cuál es la respuesta? O *¿Y qué si* te suceden todas esas cosas, tus amigos no te hablan y te ves obligado a sentarte solo en el comedor donde todos te señalan y se ríen de ti?

Los pensamientos que empiezan con *¿Y qué si...?* suelen ser lo peor que nos puede suceder. Casi nunca son ciertos, pero es uno de los trucos favoritos del diablo. Porque si estás preocupado y asustado entonces no estás siendo la persona que Dios deseó que fueras. La mejor manera de deshacerte de esos *¿Y qué si...?* es recordar las cosas que sí son verdad: eres un increíble hijo de Dios, Él te ama y siempre está dispuesto a ayudarte.

Parte de lo que hace que los *¿Y qué si...?* sean tan aterradores es la forma en que merodean en tu cabeza. Así que puedes controlar esos pensamientos fugitivos escribiéndolos. Y, mientras lo haces, pídele a Dios que se haga cargo de cada uno de ellos. Al final del día, revisa tu lista y agradécele a Dios por la forma en la que te respondió. Recuerda: ¡Dios tiene el control sobre esos pensamientos y sobre tu vida! Esa es la *verdad*.

QUERIDO DIOS, POR FAVOR DESHAZTE DE TODOS ESTOS ¿Y QUÉ SI...? DE MI CABEZA Y REEMPLÁZALOS POR PENSAMIENTOS VERDADEROS. AMÉN.

¿LO SABÍAS?

A fines de la década de 1990, un enorme *¿Y qué si...?* amenazaba con poner el mundo patas para arriba. Se llamaba Y2K (que significa «el año 2000»). Verás, en la década de 1960, cuando las computadoras se hicieron populares, los programas de computación quitaron el «19» de la fecha del año. Entonces, 1987 era simplemente «87». Pero, a medida que se acercaba el año 2000, la gente comenzó a entrar en pánico. *¿Y qué si* el 1 de enero de 2000 todas las computadoras que manejaban los bancos, las centrales eléctricas y el metro de repente pensaban que era el año 1900 en lugar de 2000 era 100? ¡Todo sería un caos! Había mucha preocupación, pero al final no pasó nada. Como tantos *¿y qué si...?*, Y2K simplemente se esfumó.

14

NO SABER ESTÁ BIEN

Pues así como los cielos están más altos que la tierra, así mis caminos están más altos que sus caminos y mis pensamientos, más altos que sus pensamientos.

ISAÍAS 55:9

«NO LO SÉ» ES una frase muy común que utilizamos todos los días al comunicarnos. Y no sé si es tu caso, pero hay muchas cosas que yo no sé.

No sé cuántas estrellas hay en el cielo, ni lo profundo que es el océano, ni cuántas criaturas marinas nadan y se zambullen en él.

Yo no lo sé, pero Dios sí. Él sabe cuántas estrellas hay en el cielo porque las puso allí. Incluso le dio nombre a cada una (Salmos 147:4). Dios conoce cada gota de agua que hay en el océano y puede medir exactamente qué tan profundo es con su propia mano (Isaías 40:12). Conoce todos los delfines, las medusas y los peces exóticos que nadan en él.

No hay *nada* que Dios no sepa. Él sabe cómo, cuándo, por qué y dónde, y la respuesta a cada pregunta que podamos hacernos alguna vez. En ocasiones podemos ver y entender sus respuestas, como la forma en la que gira la tierra en el espacio para que haya días y noches. Pero otras veces sus respuestas son demasiado profundas para que las podamos entender, como cuántas estrellas hay en el espacio o incluso por qué a veces les suceden cosas malas a las personas buenas.

Cuando no entendemos o no sabemos las respuestas, está bien decir: «No lo sé». Porque conocemos al Dios que tiene todas las respuestas. Y Él siempre está obrando para bien en nuestras vidas (Romanos 8:28), incluso cuando no entendemos. Un día conoceremos las respuestas, pero hasta entonces debemos confiar en Él.

¿LO SABÍAS?

El wobbegong con borlas es un tipo de tiburón que crece hasta cuatro pies de largo. Las «borlas» con aspecto de encaje alrededor de su cabeza lo ayudan a camuflarse en el fondo del océano. Es un *cazador de emboscadas*, lo que significa que se esconde y espera a su presa. Cuando una sabrosa presa pasa nadando, el wobbegong con borlas abre la boca y la succiona. ¡Caramba! Estos tiburones inusuales se encuentran más comúnmente alrededor de la Gran Barrera de Coral cerca de Australia.

QUERIDO DIOS, SÉ QUE TIENES TODAS LAS RESPUESTAS. CONFIARÉ EN TI, INCLUSO CUANDO NO ENTIENDA. AMÉN.

15

ATRÉVETE A HABLAR

Que sus conversaciones sean cordiales y agradables, a fin de que ustedes tengan la respuesta adecuada para cada persona.

COLOSENSES 4:6

EN OCASIONES NOS PUEDE RESULTAR difícil hablar con los *adultos*. Después de todo, son mayores y más altos. Y pueden hacer cosas realmente geniales, como conducir autos, ir a trabajar y comer tantas galletas como quieran sin que su madre los regañe.

Sin embargo, hay momentos en los que necesitas hablar con los adultos, y no solo con tus padres. Como cuando ordenas la comida en un restaurante, cuando hablas con un maestro acerca de una calificación, cuando le cuentas a un consejero escolar un problema o cuando le preguntas a un vecino si puedes ayudarlo a cortar el césped o cuidar a sus niños.

¿Qué haces cuando la idea de hablar con un adulto te provoca incomodidad? Intenta seguir estos consejos:

- Haz una pequeña oración, porque orar siempre es una buena idea.
- Planea lo que quieres decir y practica cómo lo dirás.
- Mira al adulto a los ojos.
- Respira profunda y lentamente.
- Eleva tu voz como para que te pueda escuchar.
- Usa tus mejores modales. Decir «Por favor» y «gracias» ayudan mucho cuando quieres que un adulto escuche lo que le quieres comunicar.
- Haz una pausa para escuchar lo que el adulto tenga para decirte.

Es posible que necesites un poco de valor para hablar con los adultos. (¡Y siempre asegúrate de que tus padres sepan con quién estás hablando!) Pero con algo de práctica, mucha amabilidad y un poco de osadía dada por Dios, en poco tiempo estarás conversando.

¡PREPÁRATE PARA RUGIR!

Los padres son las personas perfectas para practicar hablar con otros adultos. En definitiva, se trata de algo fácil de hacer. Piensa en todas las cosas de las que hablas con tus amigos, como lo que está sucediendo en sus vidas, las películas que vieron o las cosas divertidas que les sucedieron. ¿Adivina qué? A tus padres también les gusta hablar de esas cosas. Conversa con ellos todos los días. Asegúrate de dedicar un tiempo para escucharlos, igual o mayor al tiempo que ocupes para hablar. Y descubrirás que tus padres también son personas interesantes.

SEÑOR, PERMITE QUE MIS PALABRAS SIEMPRE SEAN AMABLES Y PROVECHOSAS, SIN IMPORTAR CON QUIÉN ESTÉ HABLANDO. AMÉN.

16

LO QUE DIOS VE

El Señor no ve las cosas de la manera en que tú las ves. La gente juzga por las apariencias, pero el Señor mira el corazón.

1 SAMUEL 16:7

¿QUÉ VES CUANDO MIRAS A LOS DEMÁS: El color de sus ojos o de sus cabellos, lo altos que son o la ropa que usan? Eso no es lo que Dios ve.

Una vez Dios envió al profeta Samuel a la familia de Isaí para que eligiera un nuevo rey para Israel. Cuando Samuel vio por primera vez al hijo mayor, Eliab, pensó: «¡Sí! ¡Este es el indicado!» Eliab era alto y fuerte, todo lo que un rey debería ser, o eso pensaba Samuel. Pero Dios tenía otros planes y eligió a David, el más joven de los hijos de Isaí. En aquel entonces, el niño más pequeño nunca era elegido, excepto tal vez para molestarlo. Pero Dios no miraba lo que la gente veía. Él vio el corazón de David. Vio a un muchacho que siempre lo amaría, y quería que todo Israel lo siguiera.

Es posible que te sientas presionado a seguir a los niños «súper geniales». Ya sabes quienes son. Tienen la mejor ropa y los teléfonos más nuevos. Pero ¿qué te dicen sus *hechos* y *palabras* acerca de sus corazones? Tal vez algunos de ellos sean amables y honestos. Después de todo, los niños súper geniales también pueden amar a Dios. Y el amor es lo que más importa.

Pero lo importante es tener el valor para mirar más allá de lo que ellos nos dicen. Tal vez no puedes ver dentro del corazón de las personas como lo hace Dios, pero puedes observar lo que la gente dice y hace. Y eso dice mucho. Pídele a Dios que te ayude a ver como Él ve.

SEÑOR, ENSÉÑAME A VER A LOS DEMÁS DE LA MANERA EN LA QUE TÚ LOS VES. AMÉN.

¡PREPÁRATE PARA RUGIR!

David amaba tanto al Señor que Dios decía de él que era «un hombre conforme a su propio corazón» (Hechos 13:22). No era que David fuera perfecto. ¡Cometió *muchos* errores! Pero él sabía que Dios podía ver su corazón. Así que cuando se equivocaba le pedía perdón a Dios (echa un vistazo al Salmo 51 para ver un ejemplo). ¿Y tú? ¿Qué ve Dios en tu corazón? ¿La ira, los celos o el egoísmo se entrometen por ahí? Si es así, sé como David. Cuéntale a Dios aquello que estás pensando y sintiendo. Luego pídele que te perdone y que llene tu corazón de su amor y su bondad.

17

VALENTÍA SILENCIOSA

Ella hizo lo que pudo.

MARCOS 14:8

SI SOLO MIRAS A los héroes de las películas podrías pensar que ser valiente significa irrumpir en la escena para salvar a alguien o solucionar una situación. O tal vez rescatar al mundo de una invasión alienígena. O enfrentarte tú solo a una docena de chicos malos.

Pero tener valor en la vida real no siempre está acompañado de grandeza, audacia ni es por imposición. A veces es una acción sutil, pequeña y tranquila. Además, incluso tener valentía en silencio puede ser algo poderoso.

Piensa en el niño que le ofreció su comida a Jesús. Se necesitaba valor para renunciar a su pan y a su pescado cuando no había ningún otro alimento a la vista y su barriga probablemente estaba haciendo ruido. Pero su acción silenciosa de *compartir* ayudó a Jesús a alimentar a miles de personas (Juan 6:1-14).

O el caso de la mujer que vertió un perfume costoso a los pies de Jesús. Aunque nos suene un poco extraño, para Jesús fue un acto de *adoración* hermoso y silenciosamente valiente. Algunos la regañaron, pero Jesús la elogió (Marcos 14:3-9).

Otra mujer sufría de una terrible enfermedad que le produjo sangrado durante muchos años. Con una valentía silenciosa, extendió la mano para tocar el manto de Jesús, *confiando* en que Él podría curarla (Marcos 5:25-34).

Claro, uno puede demostrar valentía de forma grandilocuente y estrepitosa, por ejemplo, haciendo algo que cambie el mundo. Pero también puede tratarse de que hagas espacio para una persona más en tu mesa, que des gracias por tu almuerzo en la escuela o que te detengas a orar con un amigo que está sufriendo. Ya sea que se trate de compartir, adorar o confiar, tener valor a menudo es tan simple como hacer lo que puedas para amar a Dios y ayudar a los demás, sin que nadie lo note.

¡PREPÁRATE PARA RUGIR!

La valentía silenciosa está en todos lados. La puedes encontrar en la señora mayor que canta en el coro todos los domingos, a pesar de que le resulta difícil llegar a la iglesia. O en el profesor que se interesa por cada alumno y los ayuda a dar lo mejor de sí. O en los padres que renuncian a lo que ellos desean para que sus hijos puedan tener lo que necesitan. ¿A quién ves a tu alrededor mostrando valentía silenciosa? Escribe una nota para agradecerles.

SANTO PADRE, TANTO EN LAS COSAS GRANDES COMO EN LAS PEQUEÑAS Y COTIDIANAS, POR FAVOR, DAME LA VALENTÍA PARA HACER TODO LO QUE PUEDA POR AYUDAR A LOS DEMÁS. AMÉN.

18

ATRÉVETE A SOÑAR

Y ahora, que toda la gloria sea para Dios, quien puede lograr mucho más de lo que pudiéramos pedir o incluso imaginar mediante su gran poder que actúa en nosotros.

EFESIOS 3:20

¿SABES QUE DIOS TIENE esperanza y sueños para ti? Cuando Él te creó no solo te hizo con dos brazos, dos piernas, una nariz y un par de ojos. También te llenó de todo tipo de maravillosos dones, talentos y habilidades. Luego tomó todos esos dones, talentos y habilidades, y los tejió en un plan para tu vida. Por lo tanto, es un buen plan que hagas cosas asombrosas por Él y por su reino. En otras palabras, Dios tiene grandes sueños para ti.

Pero ¿son tus sueños tan grandes como los sueños de Dios? Porque es fácil simplemente despertarte, ir a la escuela y hacer las mismas cosas todos los días. Atrévete a soñar en grande con Dios, y luego ir tras los sueños que Él tiene para ti. Puede haber canciones dentro de ti esperando ser cantadas o historias esperando ser escritas. Podría haber caballos para montar, personas para alentar, inventos por crear o alguna otra cosa maravillosa para la que Dios te creó para a través de la cual puedas mostrarle al mundo lo asombroso que es Dios.

¿De qué te gusta hablar y qué te gusta leer? ¿Cuál es tu materia favorita en la escuela? Empieza a pensar en lo que te interesa. Después atrévete a soñarlo, ¡porque ni siquiera puedes imaginar para todo lo que Dios te ha creado!

DIOS, MUÉSTRAME LOS SUEÑOS QUE TIENES PARA MÍ Y AYÚDAME A SEGUIRTE CADA DÍA PARA PODER CUMPLIRLOS. AMÉN.

¿LO SABÍAS?

¿Has oído hablar de Disney World, Disneylandia y de Walt Disney? ¡Disney es enorme! Pero no empezó siendo así. Todo comenzó cuando un hombre llamado Walt Disney se atrevió a soñar. Cuando llegó por primera vez a California solo tenía 40 dólares en su billetera y un sueño. Entonces, un día Walt dibujó un ratón llamado Mortimer, cuyo nombre fue cambiado por Mickey, y desde entonces ha estado entreteniendo a niños de todas las edades. ¿Qué tipo de sueños locos, maravillosos y asombrosos ha puesto Dios dentro de ti? Adelante. ¡Atrévete a soñar!

19 DISCULPA LA INTERRUPCIÓN

Siempre que tengamos la oportunidad, hagamos el bien a todos.

GÁLATAS 6:10

LAS INTERRUPCIONES SE PRODUCEN *TODO* el tiempo. Estás a punto de romper tu récord en un videojuego cuando tu madre te pide que saques la basura. Has estado esperando pasar el rato con tus amigos el sábado, y tus abuelos llegan de sorpresa. Acabas de acomodarte en el sillón con tu merienda para ver tu programa de televisión favorito cuando tu hermano quiere cambiar de canal para ver un programa que no te gusta.

Por lo general, pensamos que las interrupciones son cosas malas, porque nos impiden hacer lo que queríamos hacer. Pero Jesús no veía las interrupciones de esa manera. Y la gente lo interrumpía *un montón*.

Hubo un día en que estuvo particularmente lleno de interrupciones para Jesús. Primero, un hombre llamado Jairo lo interrumpió y le rogó que fuera y sanara a su hija enferma. En el camino a la casa de Jairo, Jesús fue interrumpido nuevamente por una mujer que tocaba su túnica para poder ser sanada. Mientras Jesús le hablaba, fue interrumpido una vez más por personas que le decían que la hija de Jairo ya estaba muerta. ¡Tres interrupciones en solo unos pocos versículos!

No sé tú, pero probablemente yo estaría un poco molesto por todas esas interrupciones. Pero Jesús no. No se frustró ni dijo: «Lo siento, estoy ocupado en este momento. Vuelve el próximo martes». Fue con Jairo, se detuvo para ayudar a la mujer, y después caminó hasta la casa de Jairo y resucitó a su hija (Marcos 5:21-43). Verás, Jesús sabía algo que todos nosotros debemos recordar: las interrupciones son a menudo una oportunidad para ayudar a los demás y servir a Dios.

Así que saca la basura, recibe a tus abuelos y pasa un rato con tu hermano. Deja que las interrupciones sean una oportunidad para mostrar amor, no frustración.

¡PREPÁRATE PARA RUGIR!

Lee la historia del Buen Samaritano en Lucas 10:25-37. Jesús usó esta historia como un ejemplo de amor al prójimo, pero también es un buen ejemplo de cómo manejar las interrupciones. El día del sacerdote, el levita y el samaritano fueron interrumpidos por un hombre que resultó herido mientras viajaba a la ciudad de Jericó. ¿Quién manejó la interrupción de una manera que agradara a Dios? ¿Por qué?

SEÑOR, LA PRÓXIMA VEZ QUE MIS PLANES SEAN INTERRUMPIDOS MUÉSTRAME CÓMO ESA INTERRUPCIÓN PODRÍA SER PARTE DE TU PLAN. AMÉN.

20

¡DESTÁCATE!

Jesucristo es el mismo ayer, hoy y siempre.

HEBREOS 13:8

JESÚS NUNCA CAMBIA. JAMÁS. Él siempre es bueno, siempre amoroso y siempre hace lo que Dios el Padre dice que es correcto. Puedes contar con Jesús porque Él siempre es el mismo.

¿Y tú? ¿Actúas del mismo modo en la iglesia que en tu casa? ¿Cómo te comportas en la escuela? ¿Usas las mismas palabras con tus amigos que con tu

abuela? ¿Escuchas la misma música en tus auriculares que en el coche de tus padres?

¿O eres como un camaleón, un animal que cambia de color para camuflarse con su entorno? ¿Cambias tu forma de ser para mezclarte con el mundo que te rodea?

No mostrarnos tal cual somos para encajar es tan común que es posible que ni siquiera notemos que lo estamos haciendo. Tal vez vemos videos que sabemos que no deberíamos ver para no sentirnos excluidos cuando nuestros amigos hablan de ello. O tal vez somos amables con esa niña que no es tan agradable cuando estamos en la iglesia, pero en la escuela la ignoramos o, peor aún, nos reímos de ella como todos los demás.

Dios te hizo para que te destaques en este mundo amando a los demás y haciendo lo que Él dice que es correcto. Claro, se necesita osadía para destacarte, pero no olvides que tienes al Creador del universo de tu lado para ayudarte. Atrévete a ser como Jesús. Sé ese mismo asombroso hijo de Dios que Él hizo que fueras, sin importar a dónde vayas o con quién estés.

¿LO SABÍAS?

Adaptarse no es la única razón por la que los camaleones cambian de color. También lo hacen para mostrar emociones, como la ira o el miedo. *Hum*, eso te debe sonar familiar, ¿no? ¿Alguna vez has «cambiado tus colores» cuando estás enojado o asustado? Pídele a Dios que te ayude a mostrar cuánto lo amas sin importar cómo te sientas.

QUERIDO DIOS, QUIERO DESTACARME PARA TI. AYÚDAME A SER LO SUFICIENTEMENTE VALIENTE PARA MOSTRARLE AL MUNDO QUE SOY TUYO, DONDEQUIERA QUE VAYA Y CON QUIEN SEA QUE ESTÉ. AMÉN.

21

FIN DEL JUEGO

Aquí en el mundo tendrán muchas pruebas y tristezas; pero anímense, porque yo he vencido al mundo.

JUAN 16:33

¿NO PARECERÍA QUE SIEMPRE los chicos malos ganan? A la chica mala, que siempre te mira con desprecio, la invitan a la fiesta a la que realmente tú querías ir. Al matón que te obliga a salir de los columpios en el patio del recreo nunca le dicen nada. Sin embargo, cuando parezca que los chicos malos están ganando, recuerda esta importante verdad:

Dios aún no ha terminado su obra. Sí, habrá días en los que parece que el diablo y todo lo malo que provoca es más grande que lo bueno. Al diablo le encanta que pienses que los malos ganan y que para ti no hay esperanza. Pero déjame decirte un secreto (no tan secreto). Es algo que el diablo realmente no quiere que sepas o creas. Pero es la verdad, venida directamente de la Biblia:

Al final Dios gana.

Y no gana a duras penas. No es que cruza la línea de meta solo un centímetro o dos antes de que lo haga el diablo. El marcador no está 99 a 98 y solo queda un segundo por delante. El triunfo de Dios es contundente. No hay duda al respecto; ni una pizca. Cuando Jesús resucitó de entre los muertos venció al diablo de una vez y para siempre. Fin del juego. Y cuando eliges estar en el equipo de Dios, amarlo y seguirlo, también tú ganas.

Sí, el diablo sigue luchando. Y sí, todavía te seguirá causando problemas. Y es cierto que a veces pareciera estar ganando. Pero puedes ser valiente porque conoces la verdad: ¡Al final Dios gana!

¿LO SABÍAS?

Una de las peores derrotas en la historia del fútbol americano fue en octubre de 1916. Georgia Tech derrotó a Cumberland College en Tennessee con un marcador de 222 a 0. Sí, leíste bien. Cumberland no anotó ni un solo punto. Ni siquiera estuvo cerca. Fue una gran victoria para Georgia Tech. Pero eso no es nada comparado con la victoria de Dios sobre el diablo.

QUERIDO DIOS, EN OCASIONES PARECE QUE EL DIABLO ESTÁ GANANDO, PERO SÉ QUE ESO ES MENTIRA. TÚ YA LO HAS

22

UN NUEVO COMIENZO

Cuando tenga miedo, en ti pondré mi confianza.

SALMOS 56:3

COMENZAR DE NUEVO PUEDE resultarte difícil. Especialmente cuando no era una idea tuya. Tal vez tu familia se mudó, y ahora tienes que descubrir un nuevo vecindario y hacer nuevos amigos. O tal vez te graduaste en una escuela y es hora de comenzar en una nueva, con un laberinto completamente nuevo de niños y maestros por descubrir. O tal vez has comenzado a ir a una nueva iglesia, y te encuentras con todas esas personas, grupos y expectativas diferentes.

Cualquiera sea la razón, comenzar de nuevo puede ser difícil. Pero también puede ser emocionante. Piénsalo como un nuevo comienzo. Tienes la oportunidad de probar cosas nuevas y salir de lo habitual. En lugar de ser el que siempre come un sándwich de mantequilla de maní y jalea en el almuerzo, puedes atreverte algunas veces a traer sushi. En lugar de simplemente balancearte en las barras durante el recreo, también puedes intentar jugar al fútbol. En lugar de ser el que nunca habla en clase, puedes convertirte en el que no tiene miedo de leer u orar en voz alta.

Cuando llegue el momento de entrar a ese nuevo comedor, aula o iglesia, respira hondo y haz una breve oración. Pídele a Dios que te ayude a ser lo suficientemente valiente como para ser la mejor versión de ti mismo. Recuerda que nunca estás solo, y da ese primer paso, que es el más difícil. Luego sonríe. Mira a la gente a los ojos. Saluda. Preséntate. Sé amable. Sé servicial. Sobre todo sé tú mismo, y pronto descubrirás que, después de todo, esto de empezar de nuevo no era tan malo.

¡PREPÁRATE PARA RUGIR!

Una de las mejores maneras de hacer que comenzar de nuevo sea más fácil es recordando los nombres de las personas. Pero eso puede resultarte difícil, especialmente cuando conoces a mucha gente nueva. Así que te dejo un truco que podrás intentar: Cuando alguien te diga su nombre, repítelo: *«Hola, Ben, es un placer conocerte».* Y cuando te vayas di su nombre de nuevo: *«¡Adiós, Ben!»* Entonces, la próxima vez que veas a esa persona probablemente recordarás su nombre.

QUERIDO DIOS, EN LUGAR DE TENER MIEDO A LOS CAMBIOS QUE DEBO AFRONTAR, MUÉSTRAME TODAS LAS OPORTUNIDADES QUE TENGO PARA HACER ALGO NUEVO POR TI. AMÉN.

23 CUANDO SOPLAN LOS VIENTOS

No tengan miedo.
¡Tengan ánimo! ¡Yo estoy aquí!

MARCOS 6:50

ERA LA MITAD DE la noche y los discípulos estaban en su barca en el lago. El viento soplaba tan fuerte que, a pesar de que remaban con todas sus fuerzas, no podían llegar al otro lado. De repente, vieron una figura caminando hacia ellos en el agua. ¡Estaban aterrorizados! Entonces una voz familiar los llamó y les dijo: «No tengan miedo» (Marcos 6:50). ¡Era Jesús!

En el instante en que Jesús entró en la barca el viento dejó de rugir. Sí, aún estaban en ella en medio del agua, y debían remar hasta la orilla. Pero de repente todo se volvió mucho más tranquilo.

¿Por qué? Porque Jesús estaba con ellos. Y Él también está contigo. Cuando crees en Jesús y lo sigues, Él nunca se alejará de tu lado. Y eso es una noticia increíblemente buena para ti. Porque las preocupaciones y los problemas soplarán en tu vida, tal como sucedió esa noche con los discípulos.

Algunas veces Jesús detendrá instantáneamente cualquier tormenta o arreglará cualquier problema que se haya presentado en tu vida. Él tiene el poder para hacerlo, como cuando detuvo instantáneamente el viento. Otras veces no arreglará todo en un instante. Pero se quedará allí contigo, ayudándote y guiándote de manera segura para que puedas cruzar hacia el otro lado. Él puede calmar la tormenta de sus hijos, pero también puede calmar a sus hijos en la tormenta. Y, así como les sucedió a los discípulos, habrá mucha más paz en tu vida.

¿LO SABÍAS?

Esa noche tormentosa, los discípulos estaban en el Mar de Galilea. Pero este en realidad ni siquiera es un mar. Es un lago de agua dulce. Está rodeado de colinas y montañas, donde el aire es fresco y seco. Pero cerca de sus orillas el aire es cálido y húmedo. A veces, el aire frío choca con el cálido, causando vientos y tormentas violentos, tal como les sucedió a los discípulos esa noche.

SEÑOR, GRACIAS POR NO IRTE NUNCA DE MI LADO, INCLUSO EN MEDIO DE LAS TORMENTAS. AMÉN.

24 UN TIEMPO A SOLAS CON DIOS

Jesús muchas veces se alejaba al desierto para orar.

LUCAS 5:16

JESÚS VINO A LA tierra con la misión más grande e importante de todos los tiempos: salvarnos del pecado y prepararnos para que podamos ir al cielo. Así que estaba ocupado. *Muy ocupado*. Su lista de tareas probablemente era: enseñar a los discípulos, sanar a los enfermos, echar fuera a un demonio, resucitar a Lázaro de entre los muertos y enseñarles nuevamente a los discípulos.

A pesar de que Jesús tenía mucho por hacer, se tomó el tiempo para estar a solas con Dios. Antes de elegir a sus doce discípulos, pasó toda la noche en oración (Lucas 6:12). Luego de enseñar y alimentar a una gran multitud

de cinco mil personas, se fue solo a orar (Marcos 6:46). Y, antes de ser arrestado, también se fue al jardín de Getsemaní a orar (Mateo 26:36).

Pero no fue solo en los momentos importantes de su vida que Jesús se apartaba para orar. Era algo que Él hacía a menudo. Ahora, si estar a solas con Dios era importante para Jesús, que era perfecto en todos los sentidos, imagínense lo importante que es para nosotros.

Puedes hablar con Dios en cualquier momento y lugar. Él te escuchará incluso en medio de una multitud ruidosa. Pero es mucho más fácil que escuches a Dios cuando encuentras un lugar tranquilo para estar a solas con Él. Podría ser en tu habitación, en el columpio o sobre las ramas de tu árbol favorito.

Encuentra una manera de estar a solas con Dios todos los días. Habla con Él, ora, canta y lee su Palabra, y descubrirás cuán especial puede ser el tiempo a solas con Él. Tu alma no estará tranquila si no tienes un tiempo de tranquilidad.

¡PREPÁRATE PARA RUGIR!

Crea tu propio espacio en donde «estar a solas con Dios». Podría ser en un rincón de tu habitación, dentro de un armario vacío o donde sea que encuentres un lugar. Asegúrate de tener una Biblia. Agrega bolígrafos, hojas y lápices de colores para escribir un diario, dibujar y hacer una lista de oración. Añade una almohada o una silla cómoda. Si te gusta el aire libre, guarda tus cosas en una bolsa de mano y toma una manta de picnic para llevar contigo.

SANTO PADRE, TÚ ERES EL DIOS QUE CREÓ TODO: LAS MONTAÑAS Y LOS OCÉANOS, LOS LEONES Y LOS CORDEROS. SIN EMBARGO, QUIERES PASAR TIEMPO CONMIGO. GRACIAS.

25

¿QUÉ ESTÁS ESPERANDO?

Recuerden que es pecado saber lo que se debe hacer y luego no hacerlo.

SANTIAGO 4:17

ESPERAMOS NUESTRO TURNO EN una fila, esperamos que llegue el final de la clase y esperamos en el consultorio del médico. Hay momentos en los que tenemos que esperar, y poder hacerlo pacientemente es una buena habilidad a desarrollar.

Pero hay momentos en los que *no debemos* esperar porque no es la mejor opción, como cuando esperamos demasiado para hacer lo correcto. La Biblia dice que ese tipo de espera es pecado (Santiago 4:17).

¿Por qué esperamos tanto para hacer lo que está bien y es correcto? Tal vez porque...

- Tenemos miedo de que la gente se burle de nosotros, entonces demoramos en hacernos amigos de ese niño del que todos los demás se ríen.
- Creemos que tenemos derecho a permanecer enojados con nuestro hermano o hermana porque rompió nuestro juguete favorito, así que demoramos en perdonarlo.
- Preferimos pasar la tarde jugando videojuegos o saliendo con amigos, y demoramos en limpiar nuestra habitación a pesar de que nuestros padres nos lo pidieron.

Sin embargo, una de las principales razones por las que esperamos para hacer lo correcto es esta: *Creemos que si esperamos lo suficiente alguien lo hará por nosotros.* Y tal vez lo hagan. Pero habremos perdido una maravillosa oportunidad de hacer lo que Dios dice que es mejor. ¿Hay algo bueno y correcto que estés demorando en hacer? Entonces, ¿qué estás esperando?

¿LO SABÍAS?

Los seres humanos esperamos mucho. Una persona promedio pasa entre seis meses y dos años de su vida esperando en una fila. En la actualidad incluso hay una fila para llegar a la cima del Monte Everest, la montaña más alta del mundo. ¡Los excursionistas pueden pasar dos o más horas esperando en una fila para terminar el último tramo de su ascenso a la cima!

SEÑOR, PERDÓNAME POR LOS MOMENTOS EN QUE ESPERO DEMASIADO PARA HACER LO CORRECTO. AYÚDAME A SER EL PRIMERO EN OBEDECERTE. AMÉN.

26 ¡NO TE OLVIDES DE ENTRAR EN CALOR!

Antes de responder, le oré al Dios del cielo.

NEHEMÍAS 2:4, PDT

QUIENES JUEGAN DEPORTES HACEN algunas cosas bastante locas para entrar en calor antes de enfrentar a sus oponentes. Un famoso jugador de fútbol americano baila para aflojar sus músculos. Otro atleta come exactamente dos galletas con chispas de chocolate. Otros harán cualquier cosa con tal de mantener una racha ganadora, incluso negarse a cambiar sus camisas o sus calcetines. *¡Puaj!*

Tal vez tú no vas a un campo de deportes, pero *vas* a enfrentarte a un oponente todos los días: el mismísimo Maligno. Y cada día tienes una batalla por librar. ¿Qué debes hacer para «entrar en calor» para la pelea? Un joven del Antiguo Testamento, llamado Nehemías, nos da la respuesta perfecta.

Era el copero del rey de Persia, durante el tiempo en que los israelitas estaban cautivos en esa nación. Cuando a algunos se les permitió regresar a sus hogares en Jerusalén, enviaron la noticia de que la ciudad y su muro estaban en ruinas. Nehemías estaba desconsolado y quería pedirle al rey que ayudara a Jerusalén. Pero primero hizo algo muy importante: oró. Él sabía que sería un gran desafío reconstruir Jerusalén y que necesitaría a Dios de su lado en cada paso del camino.

Ya sea que te dirijas a hacer algo grande o simplemente vayas a la escuela, para todo necesitarás a Dios a tu lado en cada paso del camino. Así que haz lo que hizo Nehemías para entrar en calor: antes de dar el primer paso, detente y ora.

¡PREPÁRATE PARA RUGIR!

Todos los días te espera una batalla por librar. Y cada día el Maligno intentará engañarte, hacerte caer o atraparte. Desarrolla tu propia rutina de calentamiento matutino para prepararte para la pelea. Aquí te dejo algunas ideas: Mientras estiras los brazos hacia el techo, eleva tus oraciones a Dios. Mientras estiras las piernas y los dedos de los pies, lee algunos versículos de la Biblia. Mientras te vistes, pídele a Dios que te cubra con su protección. Y mientras tomas el desayuno, canta una canción de alabanza a Él.

DIOS, DETENGO TODO LO QUE ESTOY HACIENDO EN ESTE MOMENTO PARA HABLAR CONTIGO. AYÚDAME A ENFRENTAR CADA BATALLA PARA QUE TE HONRE DURANTE TODO EL DÍA. AMÉN.

27 TONTERÍAS, ERRORES Y METIDAS DE PATA

¡El fiel amor del Señor nunca se acaba! Sus misericordias jamás terminan. Grande es su fidelidad; sus misericordias son nuevas cada mañana.

LAMENTACIONES 3:22–23

YA ES HORA DE reconocerlo: metiste la pata. Fallaste en el examen, dijiste algo totalmente fuera de lugar, pediste patear el tiro para ganar el partido y lo erraste, comenzaste una pelea con tu hermano, desobedeciste a tus padres o te caíste frente a tus compañeros de clase. Sea lo que fuere, quedaste como un tonto.

Pero ¿sabes qué? Son cosas que le pasan a todo el mundo. De hecho, sucede todo el tiempo. Así que no dejes que eso que hiciste te deprima. No dejes que tu error te impida volver a intentarlo. Esto es lo que necesitas saber acerca de los errores: lo más importante es lo que haces a continuación.

Piensa en Pedro. Cuando Jesús fue arrestado, él, que era uno de los amigos y discípulos de Jesús, no estaba a su lado. Como tenía miedo, observó la escena a la distancia. Y cuando la gente le preguntó si era amigo de Jesús, ¡negó que lo conocía *tres veces seguidas*! Vaya ejemplo de fracaso. Pero mira lo que hizo después. Primero, por supuesto, lloró por su error. Está bien estar molesto un rato. Pero unos días después, cuando Jesús se levantó de la tumba, Pedro ya estaba nuevamente con los discípulos (Lucas 24:9-12). Y cuando Jesús le asignó la misión de enseñar y cuidar de su pueblo, él se puso en marcha y lo hizo (Juan 21:15-19).

Cuando te equivocas demasiado o simplemente cometes alguna tontería, está bien que te sientas molesto por un tiempo. Pero después debes recordar que a Dios le encanta dar segundas oportunidades. Así que levántate, sacúdete el polvo y vuelve a intentarlo.

¿LO SABÍAS?

A principios de 1900 la gente calefaccionaba sus hogares quemando carbón, lo que dejaba suciedad y hollín en sus alfombras. La compañía Kutol creó una masilla que limpiaba las alfombras, y funcionaba muy bien. Pero luego, en la década de 1950, la gente comenzó a utilizar una estufa eléctrica, que era mucho más limpia. Como ya nadie necesitaba la masilla, la compañía se encontró en problemas. Entonces, un día, la cuñada del dueño descubrió que a sus niños de edad preescolar les encantaba jugar con masilla. Así es como la masilla Kutol tuvo su segunda oportunidad, ¡transformándose en la famosa plastilina Play-Doh!

SEÑOR, ESTOY MUY AGRADECIDO POR TUS SEGUNDAS OPORTUNIDADES. CUANDO ME EQUIVOQUE, AYÚDAME A LEVANTARME E INTENTARLO DE NUEVO. AMÉN.

28

LO SIENTO

Es cierto que todos cometemos muchos errores. Pues, si pudiéramos dominar la lengua, seríamos perfectos.

SANTIAGO 3:2

BUSCASTE EN TODAS PARTES tu camiseta favorita. Como no pudiste encontrarla, le gritaste a tu hermana: «¡Me la pediste prestada y la perdiste!» Pero más tarde... la encontraste en el fondo de tu armario, cerca de tu vieja mochila. Ahora tu hermana está súper enojada contigo.

O tal vez pensaste que estabas siendo gracioso cuando hiciste aquella broma acerca de tu amigo y todos se rieron. Pero ahora tu amigo se siente herido y avergonzado.

Tal vez se suponía que debías terminar todas tus tareas antes de acostarte, incluso les prometiste a tus padres que lo harías, pero no lo hiciste. Y ahora tu papá se siente decepcionado de ti.

Sea lo que fuere, sabes que te equivocaste. Y ahora debes disculparte. Debes admitir que te equivocaste y tratar de hacer las cosas bien a partir de ahora. Pero realmente no quieres hacerlo. ¿Por qué es tan difícil decir: «Lo siento»? A ninguno de nosotros nos gusta admitir cuando cometemos tonterías. Quizás nos preocupa lo que los demás nos puedan responder. ¿Qué pasa si se enojan o se molestan? ¿Qué pasa si nos dicen que un simple «lo siento» no es suficiente?

Se necesita valentía para admitir que te equivocaste. Y se necesita valor para pedirle a alguien que te perdone. Pero es lo que Dios nos pide que hagamos. La Biblia incluso nos dice que si estamos a punto de hacer algo por Él y recordamos que alguien está molesto con nosotros, debemos detenernos e ir a hacer las paces primero (Mateo 5:23-24).

Nadie es perfecto. Cometerás errores y tendrás que disculparte. Pero cuanto más rápido lo hagas mejor. Sé humilde. Sé honesto. Y haz todo lo que puedas para corregir la situación.

¡PREPÁRATE PARA RUGIR!

La próxima vez que necesites disculparte intenta escribirlo en una hoja. Explica que reconoces que te equivocaste y que quieres corregirlo. Pídele a la persona que te perdone. Agrega un dibujo o una imagen bonita para acompañar la nota. Luego entrégaselo con un abrazo, una sonrisa y un «Lo siento mucho».

SEÑOR, A VECES NECESITO DECIRTE «LO SIENTO». POR FAVOR, PERDÓNAME POR TODAS LAS COSAS EQUIVOCADAS QUE HICE. AMÉN.

29

VALOR PARA PERDONAR

Perdonen a todo el que los ofenda. Recuerden que el Señor los perdonó a ustedes, así que ustedes deben perdonar a otros.

COLOSENSES 3:13

CUANDO TE HAN HERIDO está bien sentir enojo por un rato. No tienes que fingir que todo está bien. Pero ten mucho cuidado con tus palabras y acciones cuando estás sufriendo. Es preferible no decir ni hacer algo que empeore aún más las cosas.

Ah, y hay una cosa más: debes perdonar a la persona que te lastimó.

Perdonar a alguien no significa que lo que hizo estuvo bien. Tampoco que todo volverá a ser como antes. Tal vez sí, o tal vez no. Es posible que la relación de amistad cambie. Incluso puede que termine. (Un padre o un adulto de confianza pueden ayudarte a resolverlo). El perdón puede producirse de inmediato o puede tomar un poco de tiempo y necesitar oración. Si el dolor ha sido profundo, puede tomar *mucho tiempo* y necesitar de muchas oraciones. Eso también está bien. Otorgar el perdón a alguien no siempre es fácil. De hecho, ¡rara vez lo es! Y por lo general se necesita algo de valor. A veces es más fácil simplemente mantenerse enojado y guardar rencor, especialmente si la persona se niega a decir que lo siente o si dice que no hizo nada malo. ¿Qué debes hacer entonces? Perdónalo de todos modos. Porque perdonar se trata más de quitar la ira de tu propio corazón que el mal que hizo el otro.

¡PREPÁRATE PARA RUGIR!

¿Quieres saber qué tan rápido Dios quita tus pecados cuando le pides que te perdone? Prueba hacer este experimento: necesitarás un tazón pequeño, agua, jabón para platos y pimienta negra. Llena el tazón con agua. Espolvorea encima un poco de pimienta negra (no demasiada, asegúrate de que aún puedas ver el agua). Cubre tu dedo con jabón para platos y luego toca el agua del tazón. ¿Viste lo rápido que se fue la pimienta? Cuando le dices a Dios que lo sientes, ¡su perdón es aún más rápido!

SEÑOR, ES FÁCIL PERMANECER ENOJADO. EN LUGAR DE ESO, AYÚDAME A AFRONTAR EL ARDUO TRABAJO DE PERDONAR.

30 ¡USA EL MICRÓFONO!

Él nos consuela en todas nuestras dificultades para que nosotros podamos consolar a otros. Cuando otros pasen por dificultades, podremos ofrecerles el mismo consuelo que Dios nos ha dado a nosotros.

2 CORINTIOS 1:4

¿ALGUNA VEZ HAS HABLADO a través de un micrófono? ¡Hace que tu voz se escuche mucho más fuerte! Lo mismo sucede con los problemas.

La mayor parte del tiempo haces un buen trabajo mostrándole al mundo lo increíble que es Dios. Pero cuando estás en medio de un problema tu «voz» se vuelve más fuerte, como si alguien te acabara de entregar un micrófono.

Eso se debe a que cuando el mundo sabe que eres cristiano, prestan mucha atención a cómo te comportas ante los problemas de la vida. Quieren ver si realmente confías en Jesús. A ver...

- Cuando pierdes tu puesto de titular en el equipo, ¿te enfureces y armas un escándalo, o animas a los que están jugando?
- Cuando tus vacaciones familiares se cancelan porque no hay suficiente dinero, ¿haces lío y te quejas, o agradeces a tus padres por todas las formas en las que te cuidan?
- Cuando alguien que amas está enfermo, ¿hablas de lo injusto que es, o alabas a Dios por los médicos, enfermeras y medicamentos que pueden ayudar?

Confía en Dios en medio del caos y deja que Él lo convierta en un mensaje. No, no pediste el micrófono que viene con tu problema, pero igual lo tienes. Así que sé lo suficientemente valiente como para usarlo. Tu osadía podría ayudar a alguien a ser valiente.

¿LO SABÍAS?

Cuando Frank Sinatra, uno de los cantantes más populares de todos los tiempos, comenzó a cantar, lo hacía a través de un megáfono Rudy Vallee. ¡Pero a veces la gente de la platea intentaba arrojar monedas de un centavo dentro del megáfono mientras él cantaba! Para evitar atragantarse con las monedas, Sinatra se movía mucho mientras cantaba. Un día, pudo comprar su primer micrófono por 60 dólares, ¡lo que al fin le permitió cantar sin preocuparse por las monedas voladoras!

SEÑOR, CUANDO TODO PARECE SALIR MAL, AYÚDAME A MOSTRARLE AL MUNDO QUE TODAVÍA TE AMO Y CONFÍO EN TI. AMÉN.

31

¿QUIÉN ERES REALMENTE?

¡Gracias por hacerme tan maravillosamente complejo! Tu fino trabajo es maravilloso, lo sé muy bien.

SALMOS 139:14

¿SABES QUIÉN ERES? POR supuesto que sabes tu nombre, tu dirección y el número de teléfono celular de tus padres. Memorizaste todas esas cosas ya desde el jardín de infantes. Pero ¿sabes quién *eres realmente*? Porque el diablo espera que no lo sepas. De hecho, espera que nunca te enteres, y si lo sabes espera que no lo creas.

Entonces, ¿quién eres? *Eres un hijo de Dios*. No importa lo que escuches, no viniste de un charco de barro al que le cayó un rayo. Ni viniste de peces o de simios. Dios te formó con sus propias manos con un propósito.

Sin embargo, se necesita valor para creer en eso. Porque el mundo te dirá que no vales mucho, que eres solo un niño común y ordinario. Hasta puede que te sientas así. Tal vez hasta tus calificaciones lo demuestren. O tal vez hayas sido tan acosado y menospreciado por los demás que estás empezando a creer las cosas que dicen de ti.

¡No las creas! Solo mira la cruz y verás lo importante que eres para Dios. Él envió a su único Hijo a morir por ti. No mandó a un mensajero celestial ni a un ejército de ángeles. Envió a Jesús.

No hay nada común ni ordinario en ti, ¡aunque ser así no es malo! Eres un hijo de Dios. *Eso es lo que realmente eres.*

¿LO SABÍAS?

Antes de que existieran los espejos, la gente miraba los charcos de agua para saber cómo se veía. Los primeros espejos estaban hechos de obsidiana pulida, una especie de vidrio oscuro tomado de material volcánico. Más tarde, se comenzaron a hacer de cobre, oro, plata o incluso plomo. Los espejos que utilizamos hoy en día se hacen rociando aluminio o plata en la parte posterior de una pieza de vidrio. Sin embargo el mejor espejo que tenemos es la Biblia. Sus palabras te muestran exactamente quién eres y quién quiere Dios que seas.

SEÑOR, CUANDO ALGUIEN INTENTE DECIRME QUE NO IMPORTO, RECUÉRDAME QUIÉN SOY REALMENTE: ¡TU HIJO! AMÉN.

32 COMO UN CORDERO

Alimentará su rebaño como un pastor; llevará en sus brazos los corderos y los mantendrá cerca de su corazón.

ISAÍAS 40:11

CUANDO UN CORDERO SE asusta, huye. Y, aunque sería más seguro para él correr hacia el pastor, a veces corre hacia el lugar equivocado y se lastima. Cuando un cordero está herido, el pastor no lo abandona a su suerte. Lo levanta suavemente y lo lleva de regreso a la seguridad del rebaño.

Cuando los problemas se nos presentan tal vez actuamos como un cordero asustado. En lugar de correr hacia Dios, nuestro Pastor, es tentador correr hacia el camino equivocado: amistades que no son buenas para ti, pasar demasiado tiempo en Internet o viendo televisión. Podrías comenzar a sospechar que Dios te ha dejado solo para que enfrentes tus problemas por ti mismo. Pero Él no actúa así, y nunca lo hará (Deuteronomio 31:8). Esa es su promesa para ti. Y Él nunca, nunca rompe sus promesas (Números 23:19). Habla con Dios acerca de lo que te preocupa. Puedes contarle todo lo que no puedes decirle a nadie más. Ya sean problemas en la escuela, en casa o con amigos, Dios lo entiende. Y cuando le cuentas todos tus problemas, Él te sostiene como un pequeño cordero y te lleva cerca de su corazón... hasta que estés listo para estar de pie otra vez.

QUERIDO DIOS, GRACIAS POR ESCUCHAR TODOS MIS PROBLEMAS. POR FAVOR, AYÚDAME A QUE MI CORAZÓN SE SIENTA MEJOR. AMÉN.

¡PREPÁRATE PARA RUGIR!

Isaías 40:11 te muestra la imagen más hermosa de Dios: como tu Pastor. Él te recoge como un pequeño cordero y te lleva cerca de su corazón. Cierra los ojos e imagina que eres ese cordero. Acurrúcate en el calor de su presencia. Ahora dibuja una imagen de lo que has imaginado. Escribe las palabras de Isaías 40:11 en la imagen para que te ayuden a recordar cuánto te ama Dios y cómo se preocupa por ti. Guárdalo en un lugar especial en tu habitación para que puedas recordar que Dios te está sosteniendo en sus brazos.

33 JUNTOS ES MEJOR

Es mejor ser dos que uno, porque ambos pueden ayudarse mutuamente a lograr el éxito. Si uno cae, el otro puede darle la mano y ayudarle.

ECLESIASTÉS 4:9–10

UN GRUPO DE LEONES se lo denomina *manada*. A un conjunto de jirafas se lo llama *torre*. Los gorilas se reúnen en *tropas*, mientras que los osos se juntan en *piaras*. A un grupo de ovejas se lo denomina *rebaño*.

Entonces, ¿cómo se llama a un grupo de cristianos? *¡Iglesia!*

Los animales se mantienen unidos en grupos por muchas razones. Comparten su comida, se protegen y cuidan mutuamente, o simplemente disfrutan estar juntos. Esas son exactamente las mismas razones por las que Dios creó a la iglesia. Los cristianos debemos compartir lo que tenemos, protegernos y cuidarnos los unos a los otros, y simplemente disfrutar de estar juntos. Pero, como cristianos, tenemos aún más razones para permanecer unidos. También podemos cantar, orar y adorar juntos a Dios.

Podemos reírnos, servirnos y animarnos unos a los otros. Podemos ayudarnos los unos a otros cuando caemos. Y podemos ayudarnos a ser valientes cuando la situación se pone difícil o aterradora. El hecho es que somos más fuertes juntos, lo que hace que sea más difícil para el diablo hacernos tropezar. Es por eso que la iglesia es tan importante y el motivo por el cual Dios no quiere que dejemos de reunirnos (Hebreos 10:25). Porque Él sabe que la vida es mejor cuando estamos juntos y nuestra fe crece.

SEÑOR, GRACIAS POR EL REGALO DE LA IGLESIA Y POR TODOS MIS AMIGOS Y FAMILIARES QUE ENCUENTRO ALLÍ. AMÉN.

¿LO SABÍAS?

Las chitas son conocidas por su gran velocidad. Pueden correr hasta setenta millas por hora, lo que las convierte en el animal terrestre más rápido del planeta.
Pero una cosa que quizás no sepas acerca de las chitas es que son muy tímidas. Luchan por hacerse amigas de otras chitas. Así que los cuidadores del zoológico han encontrado una solución inusual a este problema. Cuando hay un nuevo cachorro de chita en el zoológico, le ponen un perro para que sea su amigo. Esto se debe a que el perro (a menudo un labrador) es tan amigable y extrovertido que le enseña a la chita a ser extrovertida ella también. ¡Esa sí que es una amistad extraordinaria!

34

BASTANTE RADICAL

Pero yo digo: ¡ama a tus enemigos!
¡Ora por los que te persiguen!

MATEO 5:44

AHÍ ESTÁ ESE CHICO de la clase de educación física. Ya sabes de quién te hablo. Al que le gusta hacerte tropezar en el patio durante el recreo para que todos se rían. Así que decides darte la vuelta e ir para el otro lado, cuando justo sucede algo. ¡El matón se tropieza y se *estampa* contra el suelo! ¡Se tropieza con sus propios pies! Los otros niños comienzan a reírse y, honestamente, tú también piensas en reírte. Pero no lo haces. Por el contrario, te acercas, extiendes tu mano y lo ayudas a levantarse.

Claro, habría sido fácil reírse como todos los demás niños, pero ese versículo de la escuela dominical de la semana pasada vino a tu mente: «¡Ama a tus enemigos! ¡Ora por los que te persiguen!» (Mateo 5:44). Y reírse justo cuando ese niño aterrizó frente a todos no sería en absoluto amable.

Cuando alguien te golpea, se ríe de ti o te hace tropezar, Jesús te pide que hagas algo bastante radical: que lo ames de todos modos. No devuelvas el golpe, no te rías ni lo hagas tropezar. En otras palabras, no devuelvas mal con más mal (1 Pedro 3:9). Ahora, si alguien te golpea, eso no significa que no puedas dar un paso hacia atrás, quedando fuera del rango del golpe. Jesús no espera que seas el saco de boxeo de nadie. Simplemente no devuelvas el golpe. Lo que debes hacer es orar. Responde a su maldad con amabilidad, desde una distancia segura, por supuesto. Y confía en Jesús, quien puede corregir cualquier situación a su tiempo y a su manera.

¡PREPÁRATE PARA RUGIR!

Jesús no solo nos dijo cómo debíamos vivir. Nos lo demostró. Sus enemigos lo golpearon, dijeron mentiras acerca de Él, lo escupieron y lo clavaron en una cruz para que muriera. Pero ¿qué hizo Él? Lee Lucas 23:34 para averiguarlo. ¿Tienes algún enemigo, alguien que te hace sentir miserable? Escribe una oración por tu enemigo. Pídele a Dios que te muestre cómo puedes responder a su maldad con bondad.

SEÑOR, CUANDO ALGUIEN ES MALO ES MUY FÁCIL DEVOLVERLE LA MALDAD. EN LUGAR DE ESO, POR FAVOR, DAME LA FUERZA PARA SER AMABLE CON ÉL. AMÉN.

35

APAGA LA OSCURIDAD

Brillen como luces radiantes en un mundo lleno de gente perversa y corrupta.

FILIPENSES 2:15

TODO LO QUE TIENES que hacer es ver unos minutos las noticias, o dar un paseo por el pasillo de tu escuela, para darte cuenta de que no toda la gente se comporta según el plan con el que Dios la creó. Es cierto que hay mucha gente que intenta hacer lo bueno y lo correcto. Pero también parece haber muchas personas que solo se preocupan por ellas mismas y por obtener lo que quieren. Y hay otros que simplemente son malos.

Pablo dijo que vivimos «en un mundo lleno de gente perversa y corrupta» (Filipenses 2:15). Eso ocurría en la época de Pablo y también ahora.

Pero allí es donde entras tú. Sí, tú. Porque cuando amas a Jesús y cuando tienes la valentía de compartir ese amor con el mundo que te rodea, Jesús brilla a través de ti como una estrella en la oscuridad, como una luz que apaga la oscuridad.

Apagar la oscuridad. Suena un poco extraño, ¿verdad? Por lo general pensamos en encender una luz, no en apagar la oscuridad. Pero eso es exactamente lo que haces cuando:

- Oras por alguien que está enfermo, herido o luchando con un problema.
- Defiendes a alguien que está siendo atacado.
- Perdonas a alguien que te ha lastimado o traicionado.

Cuando compartes el amor de Jesús con el mundo le quitas poder a la oscuridad. Entonces, ¿qué estás esperando? Sal y apaga la oscuridad.

¿LO SABÍAS?

Aunque la luna está a más de 384.000 kilómetros de distancia brilla tan intensamente que «apaga la oscuridad» de la noche. Sin embargo, no es realmente la luna la que brilla. Solo refleja la luz del sol. De la misma manera, el amor y la bondad que ofreces a los demás es un reflejo del amor y la bondad que Jesús te ofrece a ti. Aun así, ese reflejo es suficientemente poderoso como para ahuyentar la oscuridad, o apagar la oscuridad. Entonces, ¿cómo puedes apagar la oscuridad hoy?

SEÑOR, AYÚDAME A BRILLAR CON LA LUZ DE TU AMOR. AMÉN.

36 SOLO EN MEDIO DE UNA MULTITUD

Tengan por seguro esto: que estoy con ustedes siempre.

MATEO 28:20

¿ALGUNA VEZ TE HAS sentido solo en medio de una multitud? Suena un poco loco, ¿no? Pero a veces sucede.

Tal vez te sucedió cuando eras pequeño y perdiste de vista a tu madre en una tienda llena de gente. Claro, había mucha gente a tu alrededor, pero no la persona que más te importaba. O quizás te pasó cuando fuiste a una fiesta y descubriste que no conocías a nadie allí. O a lo mejor te sentiste así cuando entraste al aula el primer día de clases y te diste cuenta de que ninguno de tus amigos estaba en la misma clase.

Sentirse solo no siempre se trata de cuántas personas haya a tu alrededor. Tiene más que ver con lo conectado que te sientas o no con las personas que están allí.

La cuestión es que nunca estás realmente solo. Ni en medio de una multitud, ni cuando no hay nadie más alrededor. Dios siempre está contigo dondequiera que vayas. La clave es sentirse conectado con Él. ¿Cómo? Puede ser tan simple como hacer una oración rápida pidiéndole a Dios que te muestre que Él está allí. Y *Él responderá*. Tal vez recuerdes un versículo o tu canción favorita. Tal vez te envíe a un amigo que conoces hace tiempo o incluso a uno nuevo. O podría susurrar a tu corazón y decirte: *¡Hola! Estoy aquí. No estás solo.*

¡PREPÁRATE PARA RUGIR!

La forma más fácil de sacudirse la soledad es acercarse a otras personas que podrían estar sintiéndose de la misma manera. Mira a tu alrededor. ¿Hay alguien que está sentado solo? ¿Alguien se ve un poco perdido? ¿O hay alguien que se está atando los cordones de los zapatos por duodécima vez? Dirígete a esa persona y preséntate. Es posible que hagas un nuevo amigo.

QUERIDO DIOS, GRACIAS POR ESTAR SIEMPRE CONMIGO. NO IMPORTA A DÓNDE VAYA, SÉ QUE NUNCA ESTOY SOLO. AMÉN.

37

VALOR PARA FRACASAR

Si son fieles en las cosas pequeñas, serán fieles en las grandes; pero si son deshonestos en las cosas pequeñas, no actuarán con honradez en las responsabilidades más grandes.

LUCAS 16:10

SERÍA TAN FÁCIL. Solo un pequeño vistazo a la hoja de tu amigo. Una respuesta correcta haría toda la diferencia entre reprobar ese examen o aprobarlo. El maestro ni siquiera está mirando. ¿A quién le haría daño?

A ti. Te haría daño a ti. Y en el fondo probablemente lo sepas. Porque sabes que hacer trampa está mal. Incluso si el maestro no te ve, otros podrían verlo, y nunca volverán a confiar completamente en ti. No confiarán en ti cuando prometas no contar su secreto, no confiarán en ti cuando les cuentes eso increíble que hizo tu hermano, no confiarán en ti para que colabores con ellos en el proyecto grupal. Y, definitivamente, no confiarán en ti cuando les digas lo increíble que es Jesús. Así que es realmente importante que seas una persona honrada y honesta todo el tiempo.

Jesús dijo que, si se nos podía confiar cosas pequeñas, como las respuestas de un examen, entonces se nos podría confiar en cosas más grandes, como predicar su verdad. Pero también ocurre lo contrario. Si estamos dispuestos a hacer trampa en las cosas pequeñas es muy probable que los demás crean que también haremos trampa en las cosas grandes.

Así que es cierto, es fácil hacer trampa, dar una miradita. Pero esa es la salida del cobarde. Se necesita valor para fracasar, para admitir que no eres perfecto. Por lo tanto, sé valiente. Sé honesto. No des una miradita.

PADRE, AYÚDAME A DECIR QUE NO ANTE LA TENTACIÓN. DAME EL VALOR PARA NUNCA HACER TRAMPA. AMÉN.

¿LO SABÍAS?

Uno de los tramposos más famosos de la Biblia fue Jacob. Él y su madre, Rebeca, conspiraron para engañar a su hermano Esaú, y dejarlo sin la bendición de su padre Isaac. Este era ciego, así que Jacob se puso la ropa de su hermano Esaú para oler como él. A continuación, Rebeca cubrió los brazos y el cuello de Jacob con pieles de cabra para que se sintiera peludo como Esaú. Y de ese modo, Jacob engañó a su padre para que lo bendijera a él en lugar de a Esaú. Lee Génesis 27:41-43 para averiguar qué consecuencias trajo el plan tramposo de Jacob a su propia vida. Una pista: ¡le hizo la vida mucho más difícil, no más fácil!

38

TIENES UN PROPÓSITO

Y todo lo que hagan o digan, háganlo como representantes del Señor Jesús y den gracias a Dios Padre por medio de él.

COLOSENSES 3:17

FUISTE CREADO POR DIOS con un propósito. Un propósito grande, enorme, del tamaño del mismo Dios. Algunas personas le dicen «llamado».

Entonces, ¿cuál es tu propósito? De cierto modo, es el mismo para todos: Decirle al mundo lo increíble que es Dios, y que nos ama tanto a cada uno de nosotros que envió a Jesús para salvarnos. Sin embargo, la forma en la que vives hará que tu propósito sea diferente del de todos los demás porque

Dios te creó para que fueras asombroso, especial y único en su clase. Sé que me estoy poniendo un poco sentimental, pero hablo en serio. No hay nada ni remotamente cercano a lo común en ti o en el propósito que Dios tiene para ti.

Podemos quedarnos atascados pensando que nuestro propósito tiene que ser enorme, como fundar una iglesia, cavar pozos en África o llevar Biblias a países peligrosos. No me malinterpretes, ¡esas cosas son geniales! Pero podemos vivir nuestro propósito haciendo las actividades de la vida cotidiana. Se necesita audacia para hacer cosas comunes, como ir a la escuela, hacer la tarea, practicar deportes y realizar otras actividades de manera que le demos gloria a Dios. Se necesita osadía para perderte tu práctica deportiva por no faltar a la iglesia. Se necesita valor para ser amable con el niño, el maestro o el vecino que no es tan amable contigo. Y se necesita valor para levantarte cada mañana y buscar maneras, grandes o pequeñas, de hablarle al mundo acerca de Dios. Pero eso es exactamente para lo que Él te creó

¡PREPÁRATE PARA RUGIR!

Piensa en todas las cosas comunes que haces cada día, como los quehaceres, la tarea, la práctica de deportes, el ir a la escuela. ¿Cómo puedes utilizar esos momentos ordinarios para decirle al mundo algo acerca de tu Dios extraordinario? Tal vez cantando canciones de alabanza mientras limpias tu habitación, ayudando a un amigo con la tarea, animando a tus compañeros de equipo en tu práctica deportiva o llevándole la correspondencia a ese vecino anciano. ¿Qué puedes hacer hoy?

SEÑOR, ESTOY CONVENCIDO DE QUE ME CREASTE CON UN PROPÓSITO. AYÚDAME A VIVIR DE UNA MANERA QUE TE DÉ GLORIA. AMÉN.

39

¡ESA ES UNA PROMESA!

Cuando él dice una cosa, la realiza. Cuando hace una promesa, la cumple.

NÚMEROS 23:19, DHH

¿HAS ESCUCHADO EL DICHO «Un elefante nunca olvida»? Los puntos de referencia, los buenos lugares para alimentarse, dónde están los abrevaderos, dónde están los otros elefantes, etc. ¡No se olvidan de nada! Pero la memoria de Dios es aún mejor. Nunca jamás olvida una promesa. Ni por un segundo. Eso significa que puedes contar con Él. Si Dios dijo que lo hará, entonces, lo hará.

Piensa en todas las promesas que Dios te ha dejado en la Biblia. Estas son solo algunas:

- Él siempre te amará (Salmos 100:5).
- Escuchará tus oraciones y te responderá (Salmos 91:15).
- Te dará su fuerza y su poder (Isaías 40:29).
- Te dará todo lo que necesites (Mateo 6:31-33).

A veces las personas hacen promesas y se esfuerzan mucho por cumplirlas. Como cuando tus padres prometen llevar a la familia de excursión el sábado, pero ese día hay tormenta. Ellos quieren cumplir su promesa, pero no pueden. Otras veces, la gente hace promesas y luego decide que no quiere cumplirlas. Como cuando un compañero de clase promete invitarte a una pijamada, pero luego decide invitar a otra persona. Algunas personas incluso hacen promesas que nunca planean cumplir.

Eso no sucede con Dios. Nada impedirá que Él cumpla sus promesas. Él lleva a cabo cada una de las promesas que hace. ¡Y eso también es una promesa!

SEÑOR, GRACIAS PORQUE NO OLVIDAS TUS PROMESAS Y PORQUE LAS CUMPLES. AMÉN.

¿LO SABÍAS?

Los elefantes tienen una increíble capacidad para recordar. Cuando dos elefantes de circo se encontraron de nuevo después de estar separados durante veintitrés años, emitieron sonidos con alegría y se «abrazaron» con sus trompas. Un elefante en la naturaleza puede recordar y reconocer hasta a treinta miembros diferentes de su manada. También recuerdan cosas acerca del lugar en donde habitan, como dónde pueden encontrar alimentos y agua. En tiempos de sequía, los elefantes mayores que ya han vivido esa experiencia recuerdan lo que hicieron para sobrevivir y trasladan a sus manadas a mejores áreas. ¡Pero ni siquiera la memoria de un elefante es tan perfecta como la de Dios!

40

¿QUIERES QUE HAGA QUÉ?

Dios ha venido a salvarme. Confiaré en él y no tendré temor.

ISAÍAS 12:2

«¿QUIERES QUE HAGA QUÉ?!» Casi que podrías escuchar a algunos de los héroes de la Biblia decir esas palabras cuando se daban cuenta de lo que Dios quería que hicieran.

Es el caso de Moisés. Era solo un pastor, que iba de un lado al otro con sus ovejas, cuando Dios se le apareció en medio de una zarza ardiente. Y le dijo que hiciera una serie de cosas que parecían no tener sentido. Debía volver a Egipto y rescatar a su pueblo, el mismo país del que huyó porque Faraón quería matarlo.

Pero una de las cosas más asombrosas que Dios le pidió a Moisés que hiciera sucedió frente al Mar Rojo. Los egipcios finalmente habían dejado ir al pueblo de Dios. Pero luego cambiaron de opinión y comenzaron a perseguirlos. Los israelitas estaban atrapados entre el ejército egipcio y el Mar Rojo. Eso *no* se veía nada bien. Así que Dios le dijo a Moisés que extendiera su vara sobre el mar. *¿Qué?* ¿Hay un ejército persiguiéndolos y se suponía que Moisés debía extender su vara? Sin embargo, él lo hizo, y el Mar Rojo se dividió justo por el medio, y los israelitas escaparon a un lugar seguro.

Extender una vara no tenía sentido, pero fue la respuesta perfecta. Algún día Dios te pedirá que hagas algo que puede que no tenga sentido para ti, ya sea perdonar algo que parece imperdonable, dar más de lo que crees que puedes dar, o algo aún mayor. Sin embargo, cuando Él te lo pida confía en que es la respuesta perfecta.

SEÑOR, A VECES LAS COSAS QUE QUIERES QUE HAGA NO TIENEN SENTIDO PARA MÍ. PERO TU CAMINO ES PERFECTO, ASÍ QUE TRATARÉ DE OBEDECERTE SIEMPRE. AMÉN.

¡PREPÁRATE PARA RUGIR!

«De todos modos» es una frase poderosa, especialmente cuando se trata de ser valiente. Porque a veces Dios te pedirá que hagas cosas que te asustan un poco. No porque le guste verte temblar o sentir escalofríos, sino porque sabe que al enfrentar tus miedos y confiar en Él podrás hacer todas las grandes cosas que Él ha planeado para ti. ¿Tienes la oportunidad de hacer algo por Dios pero te asusta un poco? Tal vez sea ayudar en una clase de guardería en la iglesia o acercarte a la señora gruñona de la cafetería. Respira hondo, haz una oración y realízalo de todos modos.

41 ¿ESO ERA UNA ARDILLA?

Marta, Marta... Hay una sola cosa por la que vale la pena preocuparse. María la ha descubierto, y nadie se la quitará.

LUCAS 10:41–42

¿TE DISTRAES A MENUDO? Por ejemplo, cuando sabes que deberías estar haciendo algo importante, pero otra cosa no tan importante te roba la atención.

Es como lo que le sucedió a... *¡Espera! ¿Eso era una ardilla?*

Lo siento, ya estoy de regreso. ¿Qué estaba diciendo? Ah, sí. Distracciones. Es como lo que le pasó a Marta. Verás, Jesús y sus discípulos estaban de visita en su casa. Y, mientras Jesús estaba diciéndoles a los discípulos muchas cosas maravillosas acerca de Dios, la hermana de Marta, María, se acomodó justo frente a Él para no perderse ninguna palabra. Sin embargo, Marta no escuchaba lo que Jesús estaba diciendo. Todo lo que pasaba por su mente era cómo alimentar a todas esas personas. Había que hornear el pan, asar la carne y picar las verduras. ¿Quién iba a poner la mesa? Marta vio a María sentada junto a Jesús, y se enojó tanto que dijo: «Maestro, ¿no te parece injusto que mi hermana esté aquí sentada mientras yo hago todo el trabajo? Dile que venga a ayudarme» (Lucas 10:40).

Jesús le recordó tiernamente a Marta algo que todos debemos recordar: pasar tiempo con Él es lo más importante que podemos hacer. Él sabía que la atención de Marta se había desviado por la cena que ella quería preparar para Él. Se había distraído. No lo malinterpretes, hacer la cena era algo bueno, pero no era *lo más importante*.

¿Estás haciendo tiempo para estar a solas con Jesús, que es la cosa más importante? ¿O las distracciones te mantienen alejado de Él? Toma unos minutos todos los días para detener todo lo demás que estás haciendo y prestarle atención.

¡PREPÁRATE PARA RUGIR!

Las distracciones son esas cosas que alejan nuestra atención de aquello en lo que estamos tratando de enfocarnos. ¿Qué te distrae de tu tiempo con Dios? Haz una lista de maneras en las que puedes eliminar las distracciones. Intenta encontrar un lugar tranquilo lejos de tus hermanos, apaga los dispositivos, aun deja de comer bocadillos, y haz una lista de quehaceres y tareas. ¡Y ve a pasar tiempo con Dios!

SEÑOR, CADA VEZ QUE ME DISTRAIGA, POR FAVOR LLÉVAME DE VUELTA A TI. AMÉN.

42

¡ESTÁS RODEADO!

—¡No tengas miedo! —le dijo Eliseo—. ¡Hay más de nuestro lado que del lado de ellos!

2 REYES 6:16

HAY UNA GUERRA INVISIBLE librándose a tu alrededor. Es una guerra entre el bien y el mal, y es tan real como cualquier otra batalla sobre la que puedas leer en tu clase de historia. Participas de esta guerra todos los días cuando decides hacer lo correcto. Pero *nunca* luchas solo. Hace mucho tiempo un hombre pudo ver con sus propios ojos a aquellos que luchaban a su favor.

Era el siervo del profeta Eliseo. Verás, este hombre se despertó una mañana para descubrir que él y Eliseo estaban rodeados de enemigos. Estaba aterrorizado, sin embargo, Eliseo no estaba preocupado. Simplemente le dijo: «¡No tengas miedo! ¡Hay más de nuestro lado que del lado de ellos!» (2 Reyes 6:16). Entonces Eliseo le pidió a Dios que abriera los ojos del hombre para que pudiera ver. Dios lo hizo, y el siervo vio que las colinas a su alrededor estaban llenas de caballos y de carros de fuego. Era un ejército de ángeles, ¡el ejército de Dios!

Lo que debes aprender de esta historia es que los ángeles no aparecieron cuando se abrieron los ojos del siervo. ¡Estuvieron allí todo el tiempo! Y también están contigo todo el tiempo. Te animan y te ayudan a defender lo que es correcto. Se aseguran de que el enemigo no se te acerque demasiado ni te golpee muy fuerte.

Sí, estás en una guerra, pero nunca luchas solo esta batalla. Te contaré un pequeño secreto: ¡Dios gana!

¿LO SABÍAS?

En los tiempos bíblicos, los soldados llevaban escudos para protegerse de las flechas del enemigo. A menudo estaban hechos de madera y recubiertos de cuero. Podían empaparse de agua para ayudar a apagar las flechas encendidas. Dios también te dio un escudo a ti: el escudo de la fe (Efesios 6:16). Verás, el enemigo está constantemente disparándote flechas de dudas y tentaciones. Pero cuando tienes fe y confías en que Dios cuida de ti, su escudo te protege.

SEÑOR, CUANDO ME SIENTA RODEADO POR EL ENEMIGO, RECUÉRDAME QUE TU EJÉRCITO ES MÁS GRANDE, MÁS FUERTE Y QUE ESTÁ A MI ALREDEDOR. AMÉN.

43 VALENTÍA Y FE

La fe demuestra la realidad de lo que esperamos; es la evidencia de las cosas que no podemos ver.

HEBREOS 11:1

A TRAVÉS DE LA BIBLIA, y a lo largo de toda su vida, Dios le pide a su pueblo que sea valiente y audaz. Él sabe que se necesita osadía para hacer lo correcto en este mundo. Piensa en Ester, que necesitaba valor para ir ante el rey y rogarle que salvara a su pueblo. O en Moisés, que se enfrentó al Faraón una y otra vez. O en los discípulos que se arriesgaron a ser apedreados, golpeados y arrojados a la cárcel por hablarles a otros acerca de Jesús.

¿Cómo tuvieron estos héroes bíblicos la valentía para hacer lo que Dios quería que hicieran? Fue su *fe*. No tenían fe en ellos mismos ni en su propia fuerza. Tenían fe en Dios.

Pero ¿qué es la fe? Es confiar en Dios y en su bondad. Es saber que Él es más grande y más fuerte que cualquier problema. Y es creer que Dios siempre está ahí, listo para ayudarte a hacer lo correcto (Isaías 41:10).

La fe y la valentía son como dos caras de la misma moneda. Realmente no se pueden separar. Porque se necesita tener valentía para poner tu fe, tu confianza, en Dios. Después de todo no puedes verlo ni tocarlo. Pero cuando valientemente pones tu fe en Dios y confías en que Él te ayudará a hacer lo que es bueno y correcto, Él derramará su poder y valor sobre ti. Y eso hará que tu fe sea más fuerte, y esa fe te dará más valor, y ese valor hará que tu fe sea más fuerte, y esa fe te da... Bueno, creo que se entiende la imagen: ¡una fe grande, audaz, fuerte y valiente!

¿LO SABÍAS?

La gente a menudo lanza una moneda cuando debe tomar una decisión, como por ejemplo, a quién le toca el primer turno. (Si tienes uno de esos dispositivos de Alexa de Amazon, pídele que lance una moneda. Ella te dirá si te salió cara o cruz). Uno de los lanzamientos de monedas más famosos de la historia se realizó en diciembre de 1903. Dos hermanos lanzaron una moneda para ver quién sería el primero en probar su nuevo invento. Eran Orville y Wilbur Wright. Wilbur ganó, y fue el primero en intentar volar su nuevo avión.

QUERIDO DIOS, POR FAVOR MUÉSTRAME LO QUE ES BUENO Y CORRECTO, Y LUEGO AYÚDAME A SER LO SUFICIENTEMENTE VALIENTE PARA CUMPLIRLO. AMÉN.

44

FAMILIA VS. AMIGOS

Honra a tu padre y a tu madre.

ÉXODO 20:12

A VECES, SER NIÑO ES como estar entre la espada y la pared, o entre tus padres y tus amigos. No quieres decepcionar a tus padres, pero quieres encajar con tus amigos. Quieres hacer las cosas que tus amigos hacen, pero no quieres desobedecer a tus padres. Es como una batalla *familia vs. amigos*. ¿Quién ganará?

Tal vez la lucha sea por ver una serie de televisión que todos los niños ven y de la cual hablan. Tus padres no quieren que la veas porque no honra a Dios. Pero un día estás en una pijamada y tus amigos deciden ver un capítulo de esa serie. ¡Esta es tu oportunidad de finalmente descubrir de qué han estado hablando todos! Tus padres nunca lo sabrán. ¿Qué haces?

Sabes la respuesta correcta. No será fácil, pero tienes que enfrentarte a tus amigos. Pide ver otro programa o jugar a algún juego. O pasa el rato con un libro en otra habitación hasta que termine el programa. Si eso no funciona es posible que debas llamar a tus padres para que vengan por ti.

Recuerda: tus padres siempre quieren lo mejor para ti, incluso si no entiendes bien algunas de sus reglas. Ellos son los que estarán contigo cuando algunos de tus amigos crezcan y se alejen.

Y aquí te dejo un consejo: un verdadero amigo no te pedirá que desobedezcas a tus padres. Un verdadero amigo te ayudará a hacer lo correcto. Si tu amigo te está animando a hacer algo malo, entonces, no está actuando como amigo. Y es hora de encontrar a alguien que lo sea.

¡PREPÁRATE PARA RUGIR!

Dios nos dice que honremos a nuestros padres, pero ¿cómo sería «honrarlos»? Aquí hay algunos ejemplos: Ora por tus padres. Piensa cosas buenas de ellos. Obedece sus reglas, ya sea que sepan que obedeciste o no. Di cosas buenas acerca de ellos. Pídeles consejos. Agradéceles. Y si cometen un error, recuerda que todavía están aprendiendo, y no siempre saben exactamente qué hacer. ¿Cuáles son algunas otras formas en las que puedes honrar a tus padres?

QUERIDO DIOS, QUIERO OBEDECER A MIS PADRES AUN CUANDO ME RESULTE DIFÍCIL. AYÚDAME A ELEGIR SIEMPRE LO QUE ES CORRECTO. AMÉN.

45

DORMIR ES COSA SERIA

El que te cuida no se dormirá.

SALMOS 121:3

PASAMOS ALREDEDOR DE UN tercio de nuestras vidas durmiendo. ¡Vaya si dormir es algo serio! Los científicos han descubierto que descansar lo suficiente es tan importante para nuestra salud como comer y hacer ejercicio. Sin embargo, posponemos el sueño. De hecho, las personas son los *únicos* mamíferos que posponen el irse a dormir. A diferencia de esos perezosos súper somnolientos, que pasan de quince a veinte horas al día dormitando, muchos de nosotros nos quedamos despiertos hasta tarde para hacer la tarea, ver televisión, jugar videojuegos o charlar con amigos.

Pero otra razón por la que no siempre descansamos lo suficiente es porque la preocupación nos mantiene despiertos. Damos vueltas y vueltas pensando en cosas que tal vez ni vayan a suceder. Nos estresamos por aquello que podría salir mal.

¡Qué pérdida de tiempo! Déjame decirte algo asombroso acerca de Dios: Él nunca duerme. *Nunca*. No duerme la siesta ni cierra los ojos. No se toma un descanso, ni vacaciones, ni siquiera un día libre. Dios no descansa porque nunca se cansa. Siempre está de turno.

¿Qué hace Dios todo el tiempo que está despierto? Trabaja en tu vida para bien. Eso es lo que hace siempre, ya sea que tú estés despierto, dormido o atrapado en algún punto intermedio, como en esa clase aburrida justo después del almuerzo.

Eso significa que no tienes que preocuparte por nada. Dios se ocupa de todo. Es posible que no sepas exactamente cómo, y es probable que no veas que esté sucediendo. Pero Dios siempre está ahí, y está resolviendo todos tus problemas para tu bien. Así que descansa. Entrégale tus preocupaciones y temores a Dios. De todos modos, Él va a estar despierto.

¿LO SABÍAS?

Winston Churchill, el famoso primer ministro que gobernó en Gran Bretaña durante la Segunda Guerra Mundial, era un gran creyente en el poder de la siesta. Tenía el hábito de tomar una siesta justo después del almuerzo, incluso se ponía su pijama antes de meterse a la cama. Después de su siesta a menudo tomaba un segundo baño durante el día. Churchill creía que la siesta le permitía hacer más trabajo en un solo día. ¡Sus siestas eran tan importantes que incluso tenía una cama en el Parlamento para poder descansar antes de un gran discurso!

SEÑOR, TÚ SABES TODAS LAS COSAS QUE ME MANTIENEN DESPIERTO POR LA NOCHE. TE LAS ENTREGO Y CONFÍO EN TI PARA QUE ME CUIDES MIENTRAS DUERMO. AMÉN.

46

CON TODO TU CORAZÓN

Ama al Señor tu Dios con todo tu corazón, con toda tu alma, con toda tu mente y con todas tus fuerzas.

MARCOS 12:30

TU CORAZÓN TRABAJA TODO el tiempo, todo tu corazón. No dice: «Oye, lado izquierdo, has estado trabajando bastante duro. Tómate el día». Ni tampoco declara: «Lado derecho, sé que no te gusta trabajar temprano en la mañana, así que ¿por qué mañana no te quedas durmiendo hasta más tarde?» No, tu corazón completo sigue trabajando *todo el tiempo* para que puedas correr, saltar y... bueno, ¡vivir!

Así que cuando la Biblia te dice que ames a Dios «con todo tu corazón», piensa cómo funciona tu corazón todo el tiempo. Así es como Dios quiere que lo ames, todo el tiempo y con todo lo que tienes. No te tomas un descanso de amar a Dios solo porque alguien se burló de ti porque lo amas. O porque amarlo signifique que no puedas ver esa película que todos los niños «geniales» están viendo. Amar a Dios con todo tu corazón significa amarlo cuando todo sale a tu manera y cuando absolutamente nada sale a tu manera.

Ese tipo de amor requiere ser valiente. Muy valiente. Porque este mundo no ama a Dios, y muchas veces no te amarán justamente porque lo amas a Él (Juan 15:18-19). Sé que es una noticia difícil de escuchar, pero debes saberlo. Necesitas estar preparado.

Y también necesitas saber que *puedes* hacerlo. Puedes amar a Dios con todo tu corazón. No porque *seas* súper impresionante y asombroso, ¡aunque lo seas! Puedes tener el valor de amar a Dios con todo tu corazón porque Él te ama con todo su corazón (1 Juan 4:19).

Todo el tiempo.

¡PREPÁRATE PARA RUGIR!

Amar a Dios no es solo un asunto del corazón, también es un asunto de la mente, del alma y de las fuerzas. Ama a Dios con tu mente, estudiando y memorizando su Palabra. Ama a Dios con tu alma, cantándole y alabándolo. Y ama a Dios con tus fuerzas usando tus manos para ayudar a los demás. Escribe al menos una forma en la que puedes amar a Dios con todo tu corazón, con toda tu mente, con toda tu alma y con todas tus fuerzas esta semana, ¡y luego llévalo a cabo!

SEÑOR, TE AMO. ENSÉÑAME TODAS LAS DIFERENTES FORMAS EN LAS QUE PUEDO MOSTRARLE AL MUNDO CUÁNTO TE AMO. AMÉN.

47

ATRÉVETE A VIVIR

Mi propósito es darles una vida plena y abundante.

JUAN 10:10

¿SABES LO QUE SIGNIFICA «rodar»? Imagina que estás andando en tu bicicleta y vas cuesta abajo en una pequeña colina. No tienes que hacer nada para impulsarte, ¿verdad? Solo dejas los pies sueltos, sin pedalear. Y sin hacer ningún esfuerzo ¡estás rodando! Es súper divertido y fácil.

Pero las bicicletas no son la única forma en la que podemos rodar. A veces nos deslizamos por la vida. Es decir, tomamos la salida más fácil, no nos desafiamos a nosotros mismos, y tratamos de evitar las cosas que nos demandan trabajo. Por ejemplo:

- Sabes que puedes aprobar el examen sin siquiera estudiar. Piensas que *sacarte una determinada nota está bien*, así que no te molestas en estudiar.

- Tu mamá te pidió que limpiaras tu habitación, así que guardas las cosas en el armario y tiendes tu cama. Eso es suficiente, ¿no es cierto?
- Tienes una idea fabulosa para tu proyecto de arte, pero tomará mucho tiempo y trabajo. Entonces, en vez de hacer eso, improvisas algo y listo. El arte es arte, ¿verdad?

No obstante, quizás el peor lugar en el que nos deslizamos por la vida sea cuando se trata de servir a Dios. Tal vez piensas que eres una persona bastante buena. Entonces, ¿por qué deberías rastrillar las hojas del patio de tu vecino anciano el sábado? ¿O hacer una donación para enviar Biblias al extranjero? ¿O renunciar a tu tiempo en los videojuegos para pasar tiempo con Dios?

¿Por qué? Porque Jesús no tomó la salida fácil cuando escogió la cruz. Eligió la salida difícil para que nosotros pudiéramos vivir una vida abundante, y no solo deslizarnos por la vida. Por lo tanto, escoge hacer las cosas difíciles. Pon manos a la obra. Vive una vida que se atreve a amar a Dios y a servir a los demás. No esperes más. ¡Hazlo hoy!

SEÑOR, NO QUIERO SOLO DESLIZARME POR LA VIDA. ENSÉÑAME A VIVIR CON TODO LO QUE TÚ ME HAS DADO. AMÉN.

¿LO SABÍAS?

¿Quién inventó la bicicleta? ¡Nadie lo sabe realmente! Una de las primeras «bicicletas» conocidas data de 1418 y tenía cuatro ruedas. Una bicicleta posterior no tenía pedales y debía ser empujada. El velocípedo se hizo popular en la década de 1860. La gente lo llamaba el «agitador de huesos», porque con sus ruedas de acero daba la sensación de que uno estuviera viajando por una calle llena de baches. Luego, en la década de 1870, un inglés llamado John Kemp Starley inventó la bicicleta más moderna. A medida que el ciclismo se hizo popular, también se popularizaron las carreras. El Madison Square Garden supo ser el hogar de algunas de las carreras de bicicletas más grandes de los Estados Unidos.

48

LA MISIÓN DE PESCAR

Jesús los llamó: "Vengan, síganme, ¡y yo les enseñaré cómo pescar personas!"

MATEO 4:19

PESCAR EN LOS TIEMPOS bíblicos no era solo algo para hacer el fin de semana o en un día libre de la escuela. Los pescadores, como Pedro, Andrés, Santiago y Juan, trabajaban duro por largas horas. A eso se dedicaban, y *necesitaban* atrapar muchos peces para poder venderlos. Así era como cuidaban de sus familias. Así que cuando Jesús les gritó: «¡Vengan, síganme!», eso no fue algo fácil de hacer para los primeros discípulos.

Dejar todo para seguir a Jesús requirió algo de audacia. Ellos tuvieron que dejar sus trabajos, a sus familias, sus hogares, todo lo que sabían y seguir a Jesús, un hombre que acababan de conocer. Si no hubiera sido el Hijo de Dios podríamos pensar que estaban locos. Es más, algunas personas todavía siguen pensando que los discípulos estaban locos. Y lo mismo podrían decir algunas personas de ti cuando te propongas seguir a Jesús.

No dejes que eso te detenga.

Porque Jesús tenía una misión para esos primeros discípulos, y Él tiene la misma misión para ti. En lugar de pescar *peces*, Jesús quiere que pesques personas. No, no vas a necesitar ninguna red especial para este tipo de pesca. Más bien Jesús quiere que «pesques» al compartir con otros el mensaje de quién es Él y por qué vino, porque algunas personas serán «atrapadas» por el amor de Dios. ¡Esa es la misión más importante de la historia! Se trata de salvar almas, de marcar la diferencia en la vida de alguien para siempre. Y si alguien dice que seguir a Jesús es una locura, ¡solo sonríe y recuerda que tienes la misión de pescar!

¿LO SABÍAS?

¿Cuál es el pez más pesado que se haya capturado alguna vez? Fue un gran tiburón blanco, capturado en 1959 frente a la costa de Australia. Pesaba unos 1208 kilos, ¡casi tanto como dos vacas! Sorprendentemente, solo tomó una hora pescarlo. Uno de los peces de agua dulce más grandes jamás capturados fue una enorme raya que pesaba entre 300 y 350 kilogramos. Ese monstruo de más de cuatro metros fue capturado en Tailandia en 2015.

SEÑOR, NO IMPORTA LO QUE TENGA QUE DEJAR ATRÁS, QUIERO SEGUIRTE. AMÉN.

49

ATAQUE SORPRESA

Si necesitan sabiduría, pídansela a nuestro generoso Dios.

SANTIAGO 1:5

A LOS LEOPARDOS SE LOS DENOMINA *depredadores por emboscada.* Eso significa que se acercan sigilosamente a su presa, ¡y luego se *lanzan* sobre ella! Sus manchas los ayudan a esconderse en las sombras de los altos pastos y árboles, mientras observan y esperan el momento justo. Sus presas: los babuinos, los monos, los antílopes, e incluso las serpientes, ni siquiera los ven venir.

El diablo también es así de astuto. Una de sus maneras favoritas de acercarse sigilosamente a nosotros es ocultándonos la verdad acerca del pecado. Trata de hacer que las elecciones equivocadas se vean correctas y las correctas se vean mal. Le gusta especialmente tomar lo que está mal y disfrazarlo como bueno o inofensivo, o al menos no tan malo. Por ejemplo, quiere que pienses que no estás chismeando si solo le cuentas a una persona el secreto de tu amigo. O que no estás haciendo trampa si dejas que un amigo copie tu tarea; solo estás siendo útil. O que no estás mintiendo; solo estás tratando de mantenerte alejado de los problemas.

Cuando lo ves escrito aquí parece fácil detectar el pecado, ¿verdad? Sin embargo, en la vida real no es tan fácil. Entonces, ¿cómo detectas esos pecados escondidos? Pídele a Dios que te los muestre. Probablemente no vaya a mandarte una flecha de neón parpadeante que diga: «¡Alerta! ¡Pecado! ¡Alerta! ¡Pecado!» Es más probable que sientas en tu corazón un suave aviso que te diga: «Algo no está bien». Cuando eso suceda, presta atención y pídele a Dios que te dé la sabiduría para eliminar ese pecado de tu vida.

SEÑOR, ABRE MIS OJOS PARA VER TODAS LAS FORMAS EN LAS QUE EL PECADO TRATA DE ATACARME, Y LUEGO AYÚDAME A QUITARLO DE MI VIDA. AMÉN.

¿LO SABÍAS?

Uno de los ataques sorpresa más famosos de la historia ocurrió durante la Guerra de Troya entre los antiguos griegos y los troyanos. Después de años de lucha, los griegos fingieron aceptar la derrota. Construyeron un enorme caballo de madera y lo ofrecieron como trofeo de victoria. Los troyanos llevaron el caballo dentro de las puertas de la ciudad. Cuando cayó la noche, los soldados griegos salieron del caballo, abrieron las puertas de la ciudad y llevaron al ejército griego a la victoria. Los estudiosos no están seguros exactamente de la veracidad de esa historia. ¿Por qué? ¡Porque sucedió más de mil años antes de que Jesús naciera!

50

CONFIABLE CON LOS PROBLEMAS

Ustedes se propusieron hacerme mal, pero Dios dispuso todo para bien. Él me puso en este cargo para que yo pudiera salvar la vida de muchas personas.

GÉNESIS 50:20

CUANDO TIENES PROBLEMAS EN tu vida es fácil que te preguntes: «¿Por qué a mí?» Pero, ¿qué si fue Dios quien te confió ese problema? No me malinterpretes, el diablo es el culpable de todo lo malo y del mal. Pero, ¿qué si Dios te puso donde estás y permitió que enfrentes ese problema en tu vida para que Él pueda hacer algo increíble *a través de ti*?

Eso es exactamente lo que le sucedió a José. Primero, sus hermanos mayores lo vendieron a Egipto como esclavo. Luego fue encarcelado y olvidado durante años. Sin embargo, José confió en Dios en medio de todos sus problemas y continuó haciendo lo correcto. Debido a eso, Dios usó los problemas de José para salvar a miles, tal vez a millones, de personas.

Ahora, lo más probable es que a ti no te envíen a la cárcel en un país extranjero como a José. Pero, como todo el mundo tiene problemas, tarde o temprano también tú tendrás algunos. Eso significa que también tendrás la oportunidad de dejar que Dios utilice esos problemas para hacer algo increíble. Por ejemplo, si un amigo hiere tus sentimientos puedes ayudarlo a aprender cómo Dios perdona, eligiendo perdonarlo. O si estás teniendo un día en el que todo te sale mal puedes mostrar cuánto amas a Dios alabándolo a pesar de todo.

Así que la próxima vez que surjan problemas en tu camino, pregúntate esto: *¿Está Dios confiando en mí al permitirme atravesar estos problemas? ¿Serán parte de su misión superior para mí?* Ámalo, confía en Él y descubre todo lo bueno que Él producirá a partir de tus problemas. Lo hará porque es una promesa que Él nos dejó (Romanos 8:28).

SEÑOR, CUANDO ME TOQUE ENFRENTAR PROBLEMAS, CONFIARÉ EN QUE TÚ SACARÁS ALGO BUENO DE ELLOS. AMÉN.

¡PREPÁRATE PARA RUGIR!

Toma la receta de uno de tus postres favoritos y reúne los ingredientes. Probablemente necesites ingredientes como huevos, harina, azúcar, bicarbonato de sodio y mantequilla. Sin embargo, ninguno de esos ingredientes por separado es demasiado sabroso. ¿Quién quiere comer un huevo crudo? ¡Puaj! Con la ayuda de un adulto, sigue las instrucciones de la receta. ¡Ahora todos esos ingredientes saben deliciosos! La vida es similar. Algunos de los «ingredientes» no son tan buenos por sí mismos. Pero cuando Dios los pone todos juntos, ¡se forma algo asombroso!

51

GENTE ESPINOSA

El amor es paciente y bondadoso.

1 CORINTIOS 13:4

¿ALGUNA VEZ ESCUCHASTE ESE viejo chiste acerca de cómo abrazar a un puercoespín? ¿La respuesta? *¡Con mucho cuidado!* Está bien, sí, es una broma bastante boba. Pero es un poco graciosa. También tiene algo de cierto, y no solo en cuanto a los puercoespines. Verás, algunas personas son como ellos: muy «espinosas». Son malhumoradas, gruñonas, quisquillosas o como quieras llamarlas. Pero el hecho es que son más difíciles de amar que otras.

Pero, ¿sabes lo que he descubierto? A menudo, las personas «espinosas» son las que más necesitan de nuestro amor y amabilidad. Entonces, ¿por qué hacen que sea más difícil amarlos? Supongo que porque en algún momento alguien los lastimó. Y no quieren que nadie más los vuelva a lastimar así. Entonces, como un puercoespín enojado, erizan sus púas y amenazan con pinchar a cualquiera que se acerque demasiado.

¿Cómo amas a una persona espinosa? *¡Con mucho cuidado!* O, como dice 1 Corintios 13:4, con paciencia y bondad.

Ahora tal vez estés pensando: *Mucha gente es fácil de amar, entonces, ¿por qué debo amar los «espinosos»?* La respuesta es muy simple: porque Dios es paciente y bondadoso *contigo*. Y seamos realistas: todos tenemos nuestros días espinosos. Entonces sí puede requerir algo de valor, pero sé paciente con esas personas y muéstrales amabilidad cada vez que tengas la oportunidad de hacerlo.

SEÑOR, AYÚDAME A MOSTRAR PACIENCIA Y BONDAD A TODOS, INCLUSO A LAS PERSONAS «ESPINOSAS». AMÉN.

¿LO SABÍAS?

Los puercoespines son famosos por sus púas espinosas. ¡Un puercoespín puede tener hasta treinta mil! Esas púas duras y afiladas están hechas de queratina, que es el mismo material del que están hechos tu cabello y tus uñas. En realidad, los puercoespines no pueden disparar esas púas a sus enemigos. Eso es solo un mito. Pero si un puercoespín es atacado las púas se desprenden y se hunden profundamente en la piel de su atacante. ¡Ay! Eso sí, los puercoespines les causan grandes problemas a los leones. Cuando estos atacan a los puercoespines pueden terminar con púas clavadas en la nariz o en la boca. ¡Eso hace que luego sea más difícil para ellos olfatear y comerse a sus presas!

52

CORRE HACIA EL RUGIDO

Yo te sostengo de tu mano derecha: yo, el Señor tu Dios. Y te digo: «No tengas miedo, aquí estoy para ayudarte».

ISAÍAS 41:13

CUANDO ESCUCHAS LA PALABRA *león* seguramente piensas en una melena grande y rizada o en garras súper afiladas. Luego, por supuesto, está todo ese asunto de que es «el rey de la selva». Pero lo más probable es que la primera cosa en la que pienses sea en su rugido.

El rugido del león es grande, fuerte y *realmente aterrador*. Especialmente para una pequeña y linda gacela que trota por las llanuras africanas. Solo escuchar ese sonido hace que una gacela salga corriendo lo más lejos posible del rugido. Aunque, en realidad, ¡es lo peor que puede hacer!

¿Por qué? Porque ese león rugiente no representa el mayor peligro. Las verdaderas cazadoras son las leonas, escondidas en la hierba alta detrás de la gacela. Verás, el trabajo del león es intimidar a la gacela y ¡lanzar un tremendo *rugido*! para hacer que gire y que corra justo hacia el medio de todas esas leonas.

Por muy loco que suene, lo más seguro para la gacela sería correr *hacia* el rugido.

Lo mismo sucede contigo. Cuando huyes de las cosas que te asustan, como probar algo nuevo, defender las cosas correctas o hablarle a alguien acerca de Dios, en realidad te acercas al peligro. Porque te estás acercando a lo que el diablo quiere que hagas y alejándote de lo que Dios quiere que hagas.

Enfrentar tus temores es lo mejor que puedes hacer. ¿Y adivina qué? No eres una linda gacela rodeada de leones y leonas. Eres un hijo de Dios, y Él siempre te rodea. Él te ayudará a enfrentar tus miedos. Confía en Él. Sé valiente. ¡Y corre hacia el rugido!

¡PREPÁRATE PARA RUGIR!

¿Hay algo rugiendo en tu vida en este momento? ¿Algo que tienes miedo de hacer? Tal vez sea probarte para integrar algún equipo deportivo, cantar un solo o invitar a un amigo a la iglesia. O tal vez sea enfrentarte a ese niño mayor y decirle que deje en paz a los niños pequeños en el autobús. ¿Cuál es el primer paso que podrías dar para correr hacia el rugido? Habla con Dios al respecto y luego corre.

QUERIDO DIOS, CUANDO EL MIEDO ME INTIMIDE, POR FAVOR DAME EL VALOR PARA CORRER HACIA EL RUGIDO. AMÉN.

53

¡TOMA TU ESPADA!

Tomen la espada del Espíritu, la cual es la palabra de Dios.

EFESIOS 6:17

ESTÁS EN UNA BATALLA todos los días. Es una batalla entre el bien y el mal, la verdad y la mentira. ¡Pero no te preocupes! Dios quiere que estés preparado para la batalla, así que te dio una espada. ¿Qué?

¿Que no la ves? Sucede que no es una espada común hecha de metal, es mucho más poderosa. Es la espada del Espíritu, también conocida como la Biblia. *¿Cómo puede la Biblia ser un arma?* Porque está llena, de principio a fin, de la verdad de Dios. Esas verdades cortan como una espada las mentiras del diablo. Pero no puedes simplemente tomar una espada y lanzarte a la batalla. Necesitas practicar.

Piénsalo.

Esa gimnasta olímpica no decidió de un día para el otro lanzarse a la colchoneta, dar vueltas por el aire y así ganó una medalla de oro. Probablemente comenzó con una pirueta lateral, y es muy posible que al principio no haya sido demasiado buena. Y ese jugador de baloncesto profesional no se presentó de repente en el juego y anotó un triple. Pasó años practicando sus tiros al cesto. Hasta Spider-Man tuvo que practicar el balanceo por el aire.

Pero de algo estamos seguros. Para ser realmente buenos en las acrobacias, en los tiros de basquetbol, en colgarnos de las telas de araña o en casi cualquier cosa, debemos entrenar y practicar. Entonces, ¿por qué usar la espada del Espíritu sería diferente?

Necesitas tomar tu espada todos los días y entrenar. ¿Cómo? Léela. Memoriza sus palabras. Practica decir sus verdades. Por ejemplo, si el mundo te dice que el dinero y la fama son todo lo que importa, saca la espada de Mateo 6:24 y corta esa mentira con la verdad de que poner a Dios primero es lo más importante. Allí afuera hay una verdadera batalla, ¡así que prepárate para usar tu espada!

¡PREPÁRATE PARA RUGIR!

En los Estados Unidos, las gimnastas olímpicas entrenan durante aproximadamente seis horas al día, seis días a la semana, ¡por años! Un jugador de baloncesto profesional realiza al menos trescientos tiros en cada práctica. Tu fe es mucho más importante que cualquier deporte o juego. Entonces, ¿cuánto estás practicando? Escribe tu propio programa de entrenamiento, indicando la frecuencia con la que leerás la Biblia y memorizarás versículos, ¡y comprométete a hacerlo!

SEÑOR, GRACIAS POR LA ESPADA DEL ESPÍRITU: LA BIBLIA. ENSÉÑAME A USARLA BIEN. AMÉN.

54 ¡TIENES QUE INTENTAR ESTO!

Estoy a punto de hacer algo nuevo.

ISAÍAS 43:19

«TIENES QUE INTENTARLO!» ¿QUÉ es lo primero que piensas cuando escuchas esas palabras? ¿Quieres lanzarte cuanto antes y probarlo, o te preocupa que pueda salir mal?

Claro, es sabio pensar bien las cosas. Y puede ser prudente decir no a algo que podría ser peligroso, perjudicial o simplemente inadecuado para ti. Pero lo que no es bueno es decirle siempre que no a las cosas solo porque no las hayas probado antes.

Dios llenó este mundo de cosas buenas para que las descubras, las explores y las experimentes. Ya sea que vayas a acampar por primera vez, que intentes sumarte al club de ciencias o que pruebes el nuevo plato de brócoli de tu papá, sé valiente y audaz, e intenta algo nuevo. No dejes que el miedo te impida realizar las aventuras que la vida te propone. Ve de camping con tu amigo. Toma un vaso de precipitados y una bata de laboratorio, y únete al taller científico. Prueba un bocado de ese brócoli. Cuando pruebes cosas nuevas descubrirás que hay algunas que amas, otras que odias y otras que decides que simplemente no son para ti. Y todo eso está bien.

La próxima vez que tengas la oportunidad de lanzarte a una nueva aventura, a un nuevo proyecto, a una nueva actividad después de la escuela, a una nueva forma de servir o incluso a una nueva comida, no dejes que el miedo te detenga. Lo importante es estar dispuesto a intentarlo. Porque es posible que te encuentres diciéndole a todos tus amigos: «¡Oye! ¡Tienes que intentarlo!»

¡PREPÁRATE PARA RUGIR!

Haz una lista de aquello que siempre has querido probar. Tal vez sean cosas simples, como unirte al club de ajedrez, comer comida tailandesa o cocinar tu propia comida. O tal vez sean cosas atrevidas, como lanzarte de clavado desde una colina o escalar montañas. O quizás sean actividades espirituales, como dirigir una oración o montar un espectáculo de marionetas para enseñar a los niños más pequeños acerca de Jesús.
¡Sé valiente y prueba algo nuevo esta semana!

SEÑOR, CUANDO LLEGUE LA OPORTUNIDAD DE HACER ALGO NUEVO, DAME EL VALOR PARA INTENTARLO. AMÉN.

55

DERRIBADO

Yo creo. ¡Ayúdame a creer más!

MARCOS 9:24, DHH

A TODOS NOS HAN DERRIBADO alguna vez. En ocasiones aterrizamos en el polvo a causa de un empujón en el patio del recreo o porque nos tropezamos durante un juego. O tal vez por una mezcla de torpeza con fuerza de gravedad.

Sin embargo, otras veces nuestros corazones y espíritus son derribados. Como cuando un amigo no resultó ser tan buen amigo, cuando no nos va bien en la escuela, cuando tenemos algún familiar o amigo enfermo o cuando sufrimos una pérdida. Cualquiera sea la razón, nos sentimos como si estuviéramos en el suelo, tratando de escupir el polvo de nuestra boca. Elevar tu mirada para ver el mundo luego de haber sido derribado puede hacer que te hagas ciertas preguntas. ¿Y sabes qué? Eso está bien, hazle preguntas a Dios (1 Pedro 5:7).

Marcos 9 cuenta la historia de un padre cuyo hijo estaba siendo azotado por un espíritu maligno. Mientras que el niño estaba derribado físicamente, el corazón del padre también estaba derribado por ver sufrir a su hijo. Así que le preguntó a Jesús si podía hacer algo para ayudarlo, y Él le respondió: «Todo es posible al que cree» (Marcos 9:23). El padre quería creer que Jesús podía sanar a su hijo, así que le respondió: «Yo creo. ¡Ayúdame a creer más!» (v. 24).

Cuando la vida te derriba no es necesario que tengas todas las respuestas. De hecho, probablemente *no* las vayas a tener. Pero hay Uno que las tiene: ¡Jesús! Cree en Él. Y cuando creer se vuelva difícil, pídele que te ayude a creer aún más.

SEÑOR, HABER SIDO DERRIBADO HACE QUE CREER SEA MÁS DIFÍCIL. PERO CONTINÚO CREYENDO. AYÚDAME A CREER AÚN MÁS. AMÉN.

¿LO SABÍAS?

Cuando algo se cae, o se derriba, la gravedad es la que hace que continúe cayéndose. Esta también es la que nos impide a todos flotar en el espacio. Es la fuerza que hace que la tierra dé vueltas alrededor del sol, y la luna alrededor de la tierra. Los científicos saben mucho acerca de lo que hace la gravedad, pero no lo entienden todo. Sin embargo, Colosenses 1:17 hace un buen trabajo al explicar cómo funciona. Búscalo y entérate quién es realmente el que sostiene todas las cosas, incluso la gravedad. Aquí hay una pista: ¡se trata de Dios!

56

¡HOLA VECINO!

Ama a tu prójimo como a ti mismo.

LUCAS 10:27

¿HAS OÍDO HABLAR DEL mandamiento más importante? Es lo principal, la único que debes hacer si quieres ser un seguidor de Dios. ¿Qué es? Amar a Dios (Lucas 10:27). Bastante simple, ¿verdad? Pero ese no es el *único* mandamiento. También hay un segundo mandamiento importante: «Ama a tu prójimo como a ti mismo» (Lucas 10:27).

En los versículos siguientes, Jesús usa una historia para explicarnos quién es nuestro prójimo. No se trata solo de las personas que viven al lado de

nuestra casa. No es solo la gente que ves en tu vecindario o en la escuela. *Abarca a todas las personas del mundo.*

Se necesita valor para amar a Dios en un mundo que no cree que eso sea algo genial, como también para amar a tu prójimo. Porque, seamos honestos, no todos los vecinos son fáciles de amar. Entonces, ¿cómo haces? ¿Cómo encuentras el valor para amar a las personas que son diferentes a ti? ¿Cómo amar a los gruñones, groseros y malos?

Aquí te doy la respuesta: Puedes ser lo suficientemente valiente como para amar a los demás, a los que son diferentes, a los gruñones y aun a los malos, porque Dios te ama y también los ama a ellos.

Así que cuando veas a ese niño nuevo que habla un poco extraño, o a ese vecino que grita cada vez que una pelota cae a su patio, o a esa chica que difunde chismes sobre ti, recuerda que estás frente a alguien a quien Dios ama. Y deja que su amor, por ti y por ellos, te dé el valor para ser amable, servicial y un buen prójimo.

¡PREPÁRATE PARA RUGIR!

Da un paseo por tu vecindario (¡con tus padres o con su permiso, por supuesto!). Mientras pasas frente a cada casa, eleva una oración por cada persona que vive allí. ¡Pídele a Dios que te ayude a mostrar a tus vecinos que los amas y que Dios también los ama! Tal vez ayudando a un vecino mayor a plantar flores o a cargar sus comestibles. O dedicando tiempo para jugar con algunos niños pequeños para darles un descanso a sus padres. O simplemente sonriendo, saludándolos y diciéndoles: «¡Hola vecino!»

SANTO PADRE, AYÚDAME A VER A CADA PERSONA QUE ME ENCUENTRE HOY COMO ALGUIEN A QUIEN TÚ AMAS. AMÉN.

57 ¡PUEDO HACERLO YO SOLO!

Confía en el Señor con todo tu corazón;
no dependas de tu propio entendimiento.

PROVERBIOS 3:5

«¡PUEDO HACERLO SOLO!» ¿ALGUNA vez has dicho eso? Ya sea que quieres ir patinando hasta la casa de un amigo o hacer tu tarea sin la ayuda de tus padres, a todos nos gusta demostrar cuán independientes somos.

Crecer se trata de ser cada vez más *independiente*, pero crecer en tu fe se trata de que te vuelvas cada vez más *dependiente* de Dios.

Claro, hay muchas cosas que puedes hacer por ti mismo y estás aprendiendo más todo el tiempo. Sin embargo, y esto puede sonar algo loco, cuantas más cosas aprendas a hacer por tu cuenta, más verás cuántas *no* puedes hacer por tu propia cuenta: como amar a tus enemigos, ser paciente con tu hermano o hermana, o sentir alegría en los días difíciles. No importa lo grande que seas, ese tipo de cosas son imposibles de hacer por tu propia cuenta. Sin embargo, es completamente posible hacerlas con Dios. Y hay una cosa más, súper importante, que *no* puedes hacer por tu propia cuenta: perdonar tus propios pecados. Pero no te preocupes. Dios también se ocupa de eso. Por eso envió a Jesús a morir en la cruz para salvarte.

Así que sigue aprendiendo y descubriendo cómo hacer cosas nuevas. Pero nunca seas tan independiente como para olvidarte de que debes depender de Dios.

¡QUERIDO DIOS, NUNCA PERMITAS QUE ME INDEPENDICE TANTO QUE ME OLVIDE CUÁNTO TE NECESITO! AMÉN.

¿LO SABÍAS?

El 4 de julio de 1776, la Declaración de Independencia afirmó que Estados Unidos ya no sería gobernado por Gran Bretaña, ¿o sí? En realidad, fue el 2 de julio de 1776 cuando el Congreso Continental votó la independencia. El 4 de julio fue el día en que el Congreso adoptó oficialmente las palabras de la Declaración de la Independencia, pero tampoco ese fue el día en que todos la firmaron. ¡Algunos no la firmaron hasta el 2 de agosto o incluso más tarde!

58 SOLO UN PEQUEÑO PECADO

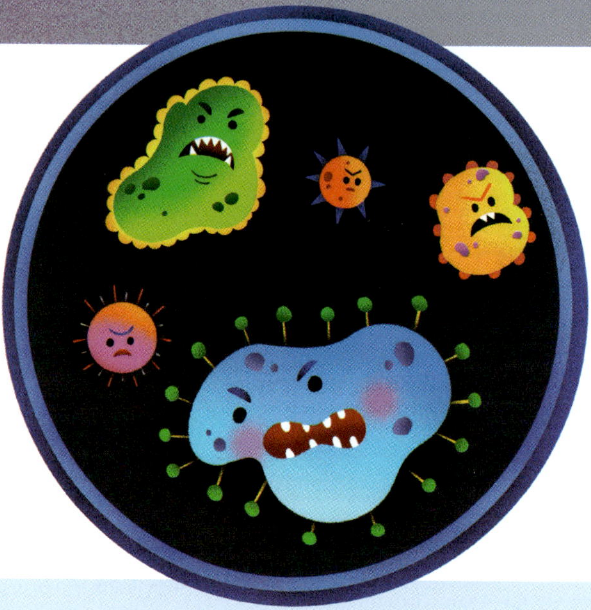

La sangre de Jesús, su Hijo, nos limpia de todo pecado.

1 JUAN 1:7

EN ESTOS DÍAS SABEMOS todo acerca de los gérmenes, ¡pero hubo un tiempo en el que la gente ni siquiera sabía que existían! Los médicos no se preocupaban por lavarse las manos, ni siquiera antes de practicar una cirugía.

Cuando las heridas se infectaban, lo cual sucedía a menudo, se culpaba a gases invisibles y venenosos que flotaban en el aire.

Luego, en la década de 1860, un cirujano inglés llamado Joseph Lister descubrió que pequeños organismos llamados *gérmenes* entraban en las heridas, causando las infecciones. Lister hizo experimentos con productos químicos para matar los gérmenes e inventó el primer antiséptico. También les dijo a los médicos que debían lavarse las manos y usar guantes. ¿El resultado? ¡Menos infecciones! (Tal vez el apellido Lister te suene familiar; ¡porque el enjuague bucal *Listerine* lleva su nombre!).

Los gérmenes no son lo único diminuto que causa problemas, también lo son los pecados «pequeños». Es fácil decirte a ti mismo que una mentirita piadosa no es *realmente* una mentira. O que escuchar esa canción está bien porque solo tiene un par de malas palabras. O que no es tan grave no haber limpiado tu habitación como tu madre te pidió que hicieras, porque lo harás más tarde.

La realidad es que no hay tal cosa como un pequeño pecado. Solo existe el *pecado*. Y si le das lugar a un poco, puede crecer más y ser más peligroso, al igual que una infección mortal. Es por eso que Dios envió a Jesús para lavar nuestros pecados. Haz tu mejor esfuerzo por mantenerte alejado del pecado. Pero si te equivocas, confiesa tu pecado a Jesús y deja que Él te limpie de nuevo.

¿LO SABÍAS?

Hay cuatro tipos diferentes de gérmenes: *bacterias*, virus, hongos y protozoos. Las bacterias son pequeñas criaturas unicelulares que viven en *todas partes*. Algunas son buenas y útiles, pero otras causan enfermedades. Los *virus* son tan pequeños que ni siquiera son una célula entera. Necesitan invadir otras células para vivir. Los *hongos* están formados por múltiples células y son como las plantas, excepto que no pueden producir su propio alimento. Necesitan crecer en otro ser vivo, como árboles, o en plantas muertas. Los protozoos viven en el agua y comen bacterias. ¡Pero la mejor manera de deshacerse de cualquier germen es lavarse las manos!

SEÑOR, SÉ QUE NO HAY PECADOS GRANDES O PEQUEÑOS. POR FAVOR, PERDÓNAME POR TODOS ELLOS. AMÉN.

59

DÍAS DE SOL

Te alabaré, Señor, con todo mi corazón; contaré de las cosas maravillosas que has hecho.

SALMOS 9:1

SI ALGUNA VEZ TE has quedado atrapado en medio de una tormenta sabes que es una situación aterradora. El viento ruge, la lluvia golpea, los relámpagos iluminan y los truenos hacen estruendo.

Cuando tenemos miedo o cuando necesitamos la ayuda de Dios nos resulta fácil acordarnos de orar. Y, aunque ese es *definitivamente* un buen momento para hablar con Dios, no debería ser la única vez que acudimos a Él.

También necesitamos volvernos a Dios en los buenos tiempos, cuando todo marcha bien, cuando los cielos son azules y cuando no hay ni una nube a la vista.

El peligro de los días de sol es que comenzamos a pensar que tenemos todo este asunto de la «vida» bajo control. Lo tenemos todo resuelto y podemos manejar lo que se nos presente. Es fácil simplemente ir dando brincos y olvidarnos de Dios porque creemos que no lo necesitamos en este momento. Pero la realidad es que necesitamos a Dios en nuestra vida tanto en los tiempos de sol como en las tormentas. Porque Él es quien realmente tiene el control.

Así que cuando tu día sea soleado y esté lleno de bendiciones, vuélvete a Dios. Dale gracias por todo lo bueno que hay en tu vida. Sigue pasando tiempo con Él. Y reconoce que Él está contigo tanto en los días de sol como en las tormentas.

¡PREPÁRATE PARA RUGIR!

Cuando todo te salga bien y la vida sea una bendición tras otra, disfruta de esos momentos. Empápate de ellos y recuérdalos. Comienza una lista, un diario o un álbum de recortes para mantener un registro de todas las bendiciones que Dios derrama sobre tu vida. Luego, cuando las nubes se aproximen y las tormentas de problemas golpeen, mira hacia atrás releyendo tu libro de bendiciones. Y recuerda que Dios siempre es bueno y fiel, y Él te bendecirá de nuevo.

SEÑOR, GRACIAS POR ESTAR CONMIGO TODOS LOS DÍAS, INCLUSO CUANDO TODO VA BIEN. AMÉN.

60

SOBRENATURAL

¿Por qué estoy desanimado? ¿Por qué está tan triste mi corazón? ¡Pondré mi esperanza en Dios! Nuevamente lo alabaré, ¡mi Salvador y mi Dios!

SALMOS 42:11

¿ASÍ QUE NO LOGRASTE entrar en el equipo para el que pasaste semanas practicando? ¿No aprobaste el examen a pesar de haber estudiado tanto? ¿Llamaron a tu mamá del trabajo y ese viaje con el que habías soñado se canceló de repente? La vida tiene muchas cosas buenas, pero también hay desilusiones.

Cuando las cosas no salen como habías planeado, ¿qué haces? ¿Te deprimes, y andas todo triste y melancólico? ¿Te quejas o te da un ataque de ira? Después de todo, estás molesto, y es natural mostrarlo, ¿verdad?

¿Qué pasaría si en lugar de eso eligieras hacer algo *sobrenatural*? Ahora, cuando digo sobrenatural no estoy hablando de fantasmas, de magia ni de tonterías como esas. Estoy hablando de hacer algo más trascendente y mejor de lo que la gente suele hacer normalmente, como alabar a Dios, buscar algo bueno en medio de tu decepción, o mostrarles a los demás lo bueno que es Dios a través de la forma en la que actúas.

Está bien, tú no pudiste entrar al equipo, pero puedes felicitar a tus amigos que sí lo lograron. Fallaste en el examen, pero una calificación escrita en una hoja no te hace menos maravilloso para Dios. Tal vez perderte ese viaje te causó fastidio, así que ¿por qué no pensar en hacer algo más cerca de casa que puedan realizar juntos en familia? Cuando estés decepcionado no hagas lo que te surge naturalmente. Haz lo *sobrenatural*.

QUERIDO DIOS, CUANDO LAS COSAS NO ME SALGAN COMO YO QUIERO, AYÚDAME A RECORDAR TODAS LAS RAZONES QUE TENGO PARA ALABARTE. AMÉN.

¿LO SABÍAS?

¿Qué tiene que ver la barba de Abraham Lincoln con los juegos de mesa? Todo comenzó con un hombre llamado Milton Bradley. Era un talentoso litógrafo (la litografía es una especie de impresión o estampado), y una de sus impresiones más vendidas fue un retrato de Abraham Lincoln *sin barba*. Cuando Lincoln se dejó crecer la barba ya nadie quería los estampados de él sin barba. Fue un momento bastante decepcionante en la vida de Bradley. De hecho, tuvo que encontrar otra forma de ganarse la vida. Entonces creó un juego de mesa llamado *The Checkered Game of Life*, que más tarde se convirtió simplemente en *The Game of Life* (El juego de la vida). Afortunadamente, ¡fue un éxito! Su compañía empezó a crear varios otros juegos que tal vez hayas jugado, incluyendo *Candy Land, Operation* y *Battleship*.

61

DIFERENTES, PERO IGUALES

Acéptense unos a otros, tal como Cristo los aceptó a ustedes, para que Dios reciba la gloria.

ROMANOS 15:7

CUANDO DIOS CREÓ EL mundo lo llenó de colores. Diferentes colores de plantas, de animales y, sí, de personas también. Pero algunos usarán como excusa el color de la piel, la ropa que cada uno usa, la forma en la que habla o el lugar donde nació para decidir que no les gustan ciertas personas, o dirán que algunas personas son mejores que otras. Sin embargo, lo que realmente importa es lo que Dios dice. Y Él dice que *todas* las personas fueron creadas a su imagen (Génesis 1:27). Y cuando se trata de ser salvos, los que creemos en Jesús somos *todos* iguales porque todos pertenecemos a Él (Gálatas 3:28).

No dejes que las diferencias te intimiden al acercarte a alguien para ser su amigo y para llevarle las buenas nuevas de Jesús. Sé lo suficientemente valiente como para mirar más allá de lo que te hace diferente y buscar las cosas que tienen en común. Recuerda siempre:

- No importa de dónde sea una persona, todos necesitan un amigo.
- No importa qué idioma hable una persona, todos necesitan un trato amable.
- No importa cómo se vea alguien por fuera, todos necesitamos a Jesús en nuestro corazón.

Todos somos diferentes. Pero en lo más importante, que es lo eterno, todos somos iguales. Todos necesitamos a Jesús. Así que sé valiente y extiende tu mano para compartir el amor de Jesús a todos los que puedas.

¡PREPÁRATE PARA RUGIR!

Es mucho más fácil relacionarte con personas de otro país cuando sabes algo acerca de ese país. Escoge un lugar en el mundo y luego pídeles a tus padres que te ayuden a buscar en Internet para obtener más información acerca de ese lugar. ¿Qué idioma hablan allí? ¿Qué tipo de plantas y animales hay? ¿Qué alimentos son más populares? ¡Y luego busca una receta, o un restaurante, y prueba alguno de esos alimentos!

SEÑOR, TÚ NOS CREASTE A CADA UNO DE NOSOTROS ÚNICOS Y ESPECIALES, CON UN SELLO DISTINTIVO, PERO NOS AMAS A TODOS POR IGUAL. AYÚDAME A AMAR COMO TÚ. AMÉN.

62 DETENTE, MIRA Y ESCUCHA

Mis ovejas escuchan mi voz; yo las conozco, y ellas me siguen.

JUAN 10:27

DIOS LE HABLÓ A Moisés a través de una zarza ardiente (Éxodo 3). A Saúl le habló a través de una luz en el cielo (Hechos 9). Incluso usó un burro para enviarle un mensaje a un hombre llamado Balaam (Números 22). Así que a veces Dios llama la atención de su pueblo con algo grande, audaz o aun salvaje. Pero, comúnmente, Dios habla suavemente a través de las maravillas de su creación, de su pueblo y de su Palabra. Solo necesitamos detenernos, mirar y escuchar.

¿Alguna vez has hecho oraciones apresuradas, diciéndole a Dios todo lo que quieres que haga, tal vez lanzando un «gracias» o dos antes de decir «amén»? Yo sí lo he hecho. Pero ¿con qué frecuencia nos detenemos a escuchar lo que Él quiere decirnos a nosotros? ¿Estamos atentos a lo que nos responde? Debemos hacernos un tiempo todos los días, varias veces al día, para detenernos, mirar y escuchar la voz de Dios.

Prueba hacerlo hoy. Cuando un amigo te venga a ayudar justo cuando más lo necesitas, detente y agradécele a Dios por esa persona que Él te envió. Mira las maravillas de su creación y «escucha» cuán poderoso es Él a través de los sonidos de la naturaleza. Y cuando un versículo venga a tu mente (ese es el Espíritu Santo ayudándote), escucha lo que la Palabra de Dios te está diciendo.

Dios te *está* hablando. Así que no te olvides de detenerte, mirar y escuchar.

QUERIDO DIOS, ¡QUÉ INCREÍBLE ES QUE QUIERAS HABLAR CONMIGO! AYÚDAME A NO ESTAR NUNCA DEMASIADO OCUPADO, A FIN DE PODER DETENERME, MIRARTE Y ESCUCHARTE. AMÉN.

¿LO SABÍAS?

Tus oídos son una creación bastante sorprendente. Dios diseñó la forma de tu oreja para «captar» las ondas sonoras y trasladarlas a tu oído interno. Allí, pequeñas células pilosas convierten las ondas sonoras en impulsos nerviosos y las envían a tu cerebro. Y es tu cerebro el que realmente descubre el significado de los sonidos que escuchas. (Advertencia: Si los pelos de esas células se dañan no se pueden arreglar. ¡Así que baja el volumen de esos auriculares!)

63

EL ANCLA

Esta esperanza es un ancla firme y confiable para el alma.

HEBREOS 6:19

LAS ANCLAS VIENEN DE todos los tamaños y formas. Algunas se parecen a una letra J gigante; otras tienen forma de garras o de púas. Las anclas antiguas a menudo eran solo grandes trozos de piedra. Cualquiera que sea su forma, todas tienen el mismo propósito: mantener al barco en su lugar. Cuando se arroja por la borda, un ancla evita que el barco se aleje, especialmente en climas difíciles o tormentosos.

¿Y por qué estamos hablando de anclas? Porque, a pesar de que no seas una embarcación, necesitas un ancla para evitar alejarte de Dios.

Verás, así es como funciona: Somos como un barco flotando en este mundo. Olas de pecado y tormentas de problemas sacuden nuestro bote y amenazan con alejarnos de Dios. Necesitamos un ancla que nos mantenga cerca de Él. Y, debido a que nos ama tanto, nos da exactamente eso: un ancla. Pero no de metal ni de piedra. No es algo que puedas ver ni percibir. Tu ancla es el propio Hijo de Dios, quien vino a la tierra y murió en la cruz por mis pecados y los tuyos. Pero eso es solo una parte de la historia. Porque luego resucitó y regresó al cielo para estar con su Padre. Y debido a que Él hizo todas esas cosas, cuando nos aferramos a Él creyéndole y siguiéndolo, Él nos ancla a Dios.

¿Cómo puedes estar seguro de que estás sujeto al ancla de Jesús? Ámalo, síguelo y aférrate fuertemente a Él, y Él no dejará que te alejes.

SEÑOR, POR FAVOR, SUJÉTAME CON FIRMEZA, Y AYÚDAME A AFERRARME FUERTEMENTE DE TI. AMÉN.

¿LO SABÍAS?

Una de las anclas más grandes del mundo fue construida para el *Titanic* en 1912. Tenía aproximadamente seis metros de largo y pesaba más de dieciséis mil kilogramos, ¡o casi lo mismo que treinta osos polares! Algunos de los eslabones de la cadena del ancla eran tan grandes que se necesitaban dos hombres para cargar un solo eslabón. ¡Pero el récord fue un ancla aún más grande que pesa setenta y cinco mil kilogramos!

¡ENCUENTRA LAS ANCLAS!

Hemos ocultado anclas en las distintas ilustraciones de este libro. ¡Revisa sus páginas y trata de encontrarlas! Las respuestas están en la página 192.

64

TÓMATE UN TIEMPO

¡Quédense quietos y sepan que yo soy Dios!

SALMOS 46:10

VIVIMOS EN UN MUNDO que nos impulsa a estar ocupados todo el tiempo. Parecería que cuanto más ocupados estamos más importantes somos, ¿verdad? Pero en realidad no es así. La verdad es que cuanto más ocupados estamos... simplemente estamos más ocupados.

Aunque seas un niño también puedes estar bastante ocupado. Tienes que ir a la escuela, tienes tarea y proyectos adicionales. Quizás también tengas

una o dos actividades extraescolares, vas al club o haces deportes. Luego está la iglesia y el voluntariado. Tienes amigos con los que mantenerte al día, la fiesta de cumpleaños de la abuela y el recital de tu primo. Y no olvides todas las actividades cotidianas, como cuidar a tus mascotas, lavar los platos y cepillarte los dientes.

Tal vez estamos tan atareados que hasta nos cuesta respirar. Por eso necesitarás tener valor para decir que no a algunas cosas de vez en cuando. (Sin embargo, no intentes hacerlo con las tareas domésticas. Confía en mí, eso no funcionará bien). No estés ocupado solo porque todos los demás lo están. Asegúrate de que las cosas que ocupan tu tiempo sean las que honren a Dios y sean buenas para ti. Toma tiempo para admirar las nubes, hacer bromas o tomar una siesta de vez en cuando. Y todos los días tómate un tiempo para estar a solas con Dios. Lee su Palabra, ora o simplemente siéntate con Él y sorpréndete de que el Dios del universo quiera pasar un rato contigo.

¡PREPÁRATE PARA RUGIR!

Un «respiro de oración» es una oración simple que te ayuda a ralentizar tu mente acelerada y estar en calma para escuchar a Dios. Primero cierra los ojos. A continuación, respira profunda y lentamente. Mientras inhalas, di el nombre de Dios: *Padre, Señor o Dios.* Luego, mientras exhalas lentamente todo ese aire, di una verdad acerca de Dios, como «Confío en ti» o «Sé que tú estás conmigo». Sigue respirando y orando hasta que estés lleno de la paz de Dios. ¿Ahora no te sientes mucho mejor?

QUERIDO DIOS, POR FAVOR MUÉSTRAME LAS COSAS A LAS QUE LES DEBO DECIR QUE SÍ, Y AQUELLAS A LAS QUE LES DEBO DECIR QUE NO, PARA TENER SIEMPRE TIEMPO PARA TI. AMÉN.

65 JUGUEMOS A LAS ESCONDIDAS

Si me buscan de todo corazón, podrán encontrarme.

JEREMÍAS 29:13

ME ENCANTAN LOS JUEGOS. Las escondidas son lo más divertido. Eliges el lugar perfecto y te escondes para que nadie te vea. Luego tienes el desafío de tratar de permanecer lo más quieto y silencioso posible, ¡incluso cuando puedes ver los zapatos del que te está buscando justo afuera de tu escondite! ¿Alguna vez lograste esconderte tan bien que nadie te encontró y ganaste el juego? ¡Eso es realmente genial!

Pero por fenomenal que parezca, es algo que Dios nunca hará. No me malinterpretes, a Dios le encantan la diversión, los juegos y la risa. Después

de todo, Él es el que inventó todas esas cosas. Pero Él *nunca* juega a las escondidas. ¿Por qué? Porque Dios *quiere* que lo encontremos.

Ahora, Dios probablemente no vaya a aparecer abruptamente del cielo ni se presente ante ti con un: «Oye, ¿cómo estás?» —aunque si quisiera podría hacerlo. Sin embargo, encontrará una manera de revelarse a ti. Puede ser a través de la Biblia o de algún otro libro que leas. O podría ser a través de otra persona que te ayude a conocer más profundamente a Dios.

Eso es lo que hizo por el hombre etíope que viajaba en su carro, leyendo las Escrituras y tratando de aprender acerca de Dios. No había nadie a su alrededor que le pudiera explicar las Escrituras, así que Dios envió a Felipe a su encuentro. Este le explicó lo que significaban las Escrituras, ¡y el hombre creyó y fue salvo! (Echa un vistazo a la historia completa en Hechos 8:26-40). Cuando busques a Dios siempre podrás encontrarlo. Porque Él no juega a las escondidas.

QUERIDO DIOS, GRACIAS POR NO ESCONDERTE DE MÍ. ¡ESTOY TAN FELIZ DE QUE QUIERAS QUE TE ENCUENTRE! AMÉN.

¿LO SABÍAS?

La gente juega a las escondidas desde el siglo II. Las reglas son un poco diferentes de un lugar a otro. En algunos sitios quienes se esconden intentan regresar a una base de operaciones para estar a salvo de la persona que los está buscando. En otros lugares, cada persona que es encontrada se une al buscador en la persecución de todos los demás. A lo largo de los años, a este juego se le han asignado diferentes nombres, incluyendo *el escondite, escóndete y encuentra, las escondidillas* y otros más. Como quiera que lo llames, invita a algunos amigos y disfruten de jugar a las escondidas hoy mismo.

66

DONDEQUIERA QUE VAYAS

Jesús fue por todas partes haciendo el bien.

HECHOS 10:38, PDT

LAS PERSONAS TENEMOS TODO tipo de hábitos, es decir, cosas que hacemos todo el tiempo sin pensar mucho en ello. Algunos mastican chicle. Otros siempre se saltean el último escalón de las escaleras. Algunos incluso hablan con sus mascotas como si fueran personas. (Está bien, ese último soy yo. Pero no soy el único que lo hace, ¿verdad?)

Todos tenemos algún hábito. Incluso Jesús. ¿Cuál era su hábito? Dondequiera que Él iba hacía el bien.

En la Biblia leemos acerca de muchas cosas muy buenas que hizo Jesús, como sanar a los enfermos, dar vista a los ciegos e incluso resucitar a algunas personas que habían muerto. Pero Jesús no solo hacía cosas extraordinarias y milagrosas. Hizo muchas cosas buenas en momentos cotidianos de su vida, como hablar con la mujer samaritana en el pozo, a quien nadie realmente le dirigía la palabra, y decirle cómo encontrar a Dios (Juan 4); o como abrazar a un grupo de niños que los discípulos querían alejar de Él, y así recordarles lo importantes que eran para Él (Mateo 19).

Es posible que no podamos devolver la vista a los ciegos o curar a los enfermos, pero podemos hablar y abrazar. ¡Eso sí lo podemos hacer!

¿Hiciste sonreír a alguien? ¿Ayudaste a alguien a sentirse bienvenido e incluido?

¿Hablaste con alguien acerca de Dios? Puedes hacer algo bueno dondequiera que vayas. ¡Y ese es un gran hábito para incorporar!

¡PREPÁRATE PARA RUGIR!

¿Quieres saber cómo puedes dejar una huella todos los días? Prueba este experimento: Sonríele a cada persona que conozcas y observa cuántas personas te devuelven la sonrisa. Si una simple sonrisa puede hacer eso, ¡imagínate cuánto más puede hacer un poco de amabilidad y de bondad! Así que trata de compartir bondad por dondequiera que vayas.

SEÑOR, POR FAVOR MUÉSTRAME EL BIEN QUE PUEDO HACER EN ESTE MUNDO HOY, Y LUEGO ENSÉNAME LA MANERA DE HACERLO. AMÉN.

67 BUSCA A LAS PERSONAS QUE SE INTERESAN POR TI

¡Sé fuerte y valiente! No tengas miedo ni te desanimes, porque el Señor tu Dios está contigo dondequiera que vayas.

JOSUÉ 1:9

CUANDO ERA NIÑO ME molestaban mucho. Era pequeño de estatura, tenía dientes de conejo y usaba lentes. Intenté practicar deportes para encajar en la escuela, pero tenía asma, lo que significaba que a veces tenía problemas para respirar, por lo que lo deportivo no funcionaba demasiado bien para mí. Y convengamos en que los otros niños no eran muy amables. En realidad, se burlaban de mí y me ponían apodos.

Hice todo lo posible por encajar con los niños populares haciendo las mismas cosas que ellos hacían, pero que yo sabía que estaban mal. Pero de todos modos no funcionó. Ellos no querían ser mis amigos y yo seguía estando solo. Así que me sentía cada vez peor, hasta que conocí a un grupo de cristianos que eran mucho mejores que ese grupo en el que estaba tratando de encajar. Fueron amables conmigo y querían conocerme de verdad. Esas personas me dieron una idea de quién era realmente Dios por la forma en la que se interesaban por mí.

Te digo esto porque si estás siendo intimidado o eres víctima de acoso puede parecer que todo el planeta está en tu contra. Pero eso directamente es una mentira del diablo. Deja de preocuparte por encajar con ese grupo que parece tan genial, y busca personas que realmente se interesen por ti. Busca cristianos que vivan lo que significa amar a Jesús y permite que te muestren el amor de Dios. Porque la realidad es que, y escúchalo muy bien, *eres digno de ser amado.*

¿LO SABÍAS?

¿Sabías que hay matones en la Biblia? Probablemente hayas oído hablar del gigante Goliat, pero no fue el único. Había un grupo que aparece en el Nuevo Testamento a los que se llamaba fariseos. Se suponía que debían estar a cargo de enseñarle a la gente de Dios, pero lo que realmente hacían era abusar de su poder como líderes para darles órdenes a las personas. ¿Alguna vez te has vuelto un mandón? ¿Tal vez con un hermano, hermana o amigo? Echa un vistazo a Filipenses 2:3. ¡Es el mejor versículo que habla acerca de «cómo no serlo»!

SANTO PADRE, USA A TU PUEBLO PARA MOSTRARME LO BUENO QUE ERES. AYÚDAME A ENCONTRAR BUENOS AMIGOS QUE REALMENTE SE INTERESEN POR MÍ. AMÉN.

68

TIENES QUE HACER ALGO

Defiendan los derechos de los oprimidos y de los desposeídos.

SALMOS 82:3

SUCEDE PRÁC TICAMENTE LO MISMO todos los días. Nick entra al comedor de la escuela y puedes ver el miedo en su rostro. Sabe lo que se le avecina y no tiene que esperar mucho para que suceda. «Aquí viene el raro de Nick», comienzan las burlas. Un matón se adelanta frente a él en la fila. Golpea su bandeja, haciendo que se derrame su comida y que su leche vuele por el aire. Nick esquiva un puñetazo falso y llega a su asiento. Se desploma con un suspiro de alivio porque sabe que, después de todo, hoy no le fue tan mal.

A veces no eres tú quien está siendo intimidado, pero eres el que lo ve. Tal vez ni siquiera sea en persona, sino que lo ves en un texto grupal o en un comentario en un video juego o en una aplicación. Necesitarás valentía para enfrentarte a eso. Dependiendo de cuán grande, malo e intimidante sea el acosador, es posible que necesites *mucho* valor.

Porque tienes que hacer algo. No puedes sentarte allí con tus amigos y ver cómo Nick sufre día tras día. Eso no es lo que querrías que sucediera si te lo hicieran a ti, y eso no es lo que Jesús haría. Así que, si puedes, llévate a algunos amigos contigo y enfrenta al acosador. Si esa no te parece una buena idea, por lo que pueda suceder, involucra a un adulto, como un maestro, director, consejero o padre con el que tengas confianza. De cualquier manera, invita a ese niño que está siendo intimidado a tu círculo de amigos. Deja que los «Nicks» de tu entorno sepan que no tienen que enfrentar a los matones solos y que Jesús también está con ellos.

SEÑOR, DAME EL VALOR PARA DEFENDER A AQUELLOS QUE NO PUEDEN DEFENDERSE SOLOS. AMÉN.

¡PREPÁRATE PARA RUGIR!

Presta atención. Es decir, sé alguien que está atento a las demás personas y que los recibe con brazos abiertos. Es tan fácil quedarnos atrapados hablando con nuestro círculo de amigos que ni siquiera vemos a los que están parados a nuestro lado. Decide hoy mismo ser alguien que se da cuenta de aquellos que están solos, e invítalos a sumarse a tu grupo. Todo lo que se necesita es una sonrisa amistosa y un saludo. Abre tu círculo y podrías encontrar a un nuevo amigo.

69

EN LAS BUENAS Y EN LAS MALAS

¡Nunca permitas que la lealtad ni la bondad te abandonen!

PROVERBIOS 3:3

AL IGUAL QUE BATMAN y Robin, Woody y Buzz, o Elsa y Anna, los mejores amigos se mantienen unidos en las buenas y en las malas, lo que significa que se apoyan el uno al otro sin importar lo que suceda. Ya sea luchando contra un villano malvado, rescatando a un amigo o salvando a un reino en problemas, los amigos se ayudan mutuamente cada vez que pueden. Una palabra que define esa actitud es *lealtad*. Y una de las historias más bellas de lealtad sucedió de verdad, y se encuentra en la Biblia, en el

Libro de Rut. Pero la historia en realidad comienza con la suegra de Rut, Noemí.

Noemí y su familia se mudaron a la tierra de Moab, y sus hijos se casaron con mujeres moabitas. Pero cuando su esposo e hijos murieron, Noemí decidió regresar a su hogar en Belén. E instó a sus nueras a volver con sus propias familias. Una lo hizo, pero Rut se negó: «No me pidas que te deje y regrese a mi pueblo. A donde tú vayas, yo iré; donde quiera que tú vivas, yo viviré. Tu pueblo será mi pueblo, y tu Dios será mi Dios... ¡Que el Señor me castigue severamente si permito que algo nos separe, aparte de la muerte!» (Rut 1:16-17).

Rut apoyó a Noemí sin importar lo que sucediera. Y Dios la bendijo por su lealtad. ¡Inclusive se convirtió en la bisabuela del rey David y está en la genealogía de Jesús! Pero la lealtad de Rut no fue nada comparada con la lealtad que Dios tiene con nosotros. No importa lo que suceda, ya sea bueno o malo, Dios siempre está pendiente de ti, siempre te ayudará, siempre te amará. Él estará a tu lado todos los días, ¡en las buenas y en las malas!

DIOS, GRACIAS POR LA LEALTAD QUE TIENES CONMIGO. ENSÉÑAME A SERTE SIEMPRE LEAL A TI. AMÉN.

¿LO SABÍAS?

En Estados Unidos, una forma en la que mostramos lealtad hacia nuestro país es mediante el Juramento de Lealtad. Ese fue escrito por Francis Bellamy en 1892 en honor a la primera celebración del Día de la Raza, que sería un momento destacado de la Feria Mundial de Chicago. Bellamy quería que todos los estudiantes del país recitaran juntos el juramento, y más de 12 millones lo hicieron el 12 de octubre de 1892. El Congreso hizo de las palabras de Bellamy un juramento oficial en 1942. Las palabras «bajo Dios» se agregaron en 1954, y no se han cambiado desde entonces.

ATASCADO

Concéntrense en todo lo que es verdadero, todo lo honorable, todo lo justo, todo lo puro, todo lo bello y todo lo admirable. Piensen en cosas excelentes y dignas de alabanza.

FILIPENSES 4:8

A FINES DEL AÑO 2019 sucedió algo loco y terrible. Un virus llamado COVID-19 invadió nuestro mundo y comenzó a enfermar a algunas personas. Para evitar que el virus se propague demasiado se les dijo a todos que se quedaran en sus casas tanto como les fuera posible. Los cines, restaurantes y parques infantiles estaban cerrados. Las iglesias cerraron. Y, en lugar de ir a la escuela, los niños hablaban con sus maestros y compañeros de clase y hacían sus tareas escolares por video-llamadas desde su casa. Durante gran parte de ese tiempo todos estuvimos encerrados en casa.

Y si salíamos debíamos llevar una máscara sobre la boca y la nariz.

¡Había tantas cosas que no podíamos hacer! Incluso cosas comunes, como ir a la casa de un amigo, visitar a los abuelos o ir a las prácticas deportivas. Y, aunque era muy fácil concentrarse en todas las cosas que *no podíamos* hacer, había muchas cosas buenas y maravillosas que *podíamos* hacer, como pasar tiempo y jugar juegos con nuestra familia, dormir, hacer llamadas telefónicas a nuestros amigos, ¡y agradecer a Dios por tener un hogar donde poder estar!

Ese es el problema de los problemas. Les gusta robar tu atención para que solo pienses en aquello en lo que estás atrapado. Sin embargo, hay una cura para eso. En lugar de eso, piensa en cosas buenas. Se necesita algo de esfuerzo y determinación. Sin importar lo difícil que haya sido tu día, siempre puedes encontrar algo bueno por lo que estar agradecido. Y cuando lo hagas no te sentirás tan enfrascado en tus problemas.

SEÑOR, CUANDO ME SIENTA ATASCADO, MUÉSTRAME TODAS LAS COSAS BUENAS POR LAS QUE TENGO QUE ESTAR AGRADECIDO. AMÉN.

¿LO SABÍAS?

¿Alguna vez has visto una película o caricatura donde la gente se queda atrapada en arenas movedizas? Cuanto más se mueven, más profundo se hunden. Es posible que hayas pensado que eso solo sucede en la televisión, ¡pero las arenas movedizas son reales! Están compuestas por una mezcla de arena y agua. Debido a que el agua no llega hasta la superficie, las arenas movedizas tienen la apariencia de ser normales. Pero si una persona o un animal las pisa comenzará a hundirse. Si alguna vez te encuentras atrapado en arenas movedizas, muévete lentamente, extiende los brazos y las piernas, y trata de flotar boca arriba para ponerte a salvo.

71

TODO LO QUE NECESITAS

Entrega al Señor todo lo que haces; confía en él, y él te ayudará.

SALMOS 37:5

IMAGÍNATE QUE ESTÁS MIRANDO FIJAMENTE HACIA la parte superior de un muro de escalada. Nunca has escalado uno antes, y este es *realmente* alto. Te encuentras en la parte inferior, y la campana que se supone que debes tocar está arriba de todo, en la parte superior. La idea de escalar tan alto hace que tu barriga se revuelva un poco, pero a la vez es algo emocionante. Así que te amarras, te aferras a la pared y comienzas a escalar. Es un desafío. Solo tienes que intentarlo.

Los desafíos se nos presentan todos los días. A veces son buenos, y te dan la oportunidad de hacer algo nuevo y emocionante, como participar de una audición para la obra teatral de tu escuela, hacer esquí acuático o llegar hasta la cima de un muro de escalada. Otras veces, sin embargo, los desafíos se parecen más a problemas u obstáculos, como tratar de entender una clase difícil en la escuela, hacer nuevos amigos o lidiar con la enfermedad de algún miembro de la familia. Cualquiera que sea el desafío que enfrentes, ya sea bueno, malo o esté en algún punto intermedio, hay algo que debes saber con certeza: Dios cuidará de ti. Él te dará todo lo necesario para hacer lo que Él quiera que hagas (Hebreos 13:20-21). Él te dará el valor para probar algo nuevo y la determinación para seguir esforzándote en esa clase difícil. Él te dará la sabiduría para elegir buenos amigos y un corazón dispuesto a ayudar a quienes estén sufriendo.

Dios nunca te dejará enfrentar un desafío por tu propia cuenta. Así que adelante, sé valiente y asume ese desafío. ¡Escala ese muro!

¡PREPÁRATE PARA RUGIR!

Dios no solo cuida de las personas, Él vela por toda su creación. Lee Mateo 6:25-29, luego sal y echa un buen vistazo a tu alrededor. ¿Cómo cuida Dios de los pájaros? ¿Cuán hermosas son las flores a las que Él viste de tantos colores? ¿Qué es lo que más te gusta de la forma en la que Dios cuida de este mundo?

SEÑOR, TÚ SABES TODO LO QUE REALMENTE NECESITO, INCLUSO ANTES DE QUE LO NECESITE. CONFÍO EN QUE TÚ CUIDAS DE MÍ. AMÉN.

72 MÁS FUERTE QUE CUALQUIER TORMENTA

Dios es nuestro refugio y nuestra fuerza; nuestra ayuda en momentos de angustia... No tendremos miedo, aunque ruja el mar y se agiten sus olas, aunque tiemblen los montes a causa de su furia.

SALMOS 46:1-3

AL PRINCIPIO ERA SOLO una gota de lluvia o dos. Viste las nubes oscuras y pensaste que probablemente era hora de ir adentro. Corriste a casa y, una vez que entraste, miraste por la ventana. La lluvia caía de manera tan torrencial que apenas se podía ver, ¡excepto cuando cayó ese rayo que iluminó todo!

Las tormentas pueden ser feroces y aterradoras. ¿Y sabes qué? Está bien tener miedo. Solo recuerda: Jesús está contigo, y Él es más poderoso que cualquier tormenta.

Eso es lo que los discípulos aprendieron hace mucho tiempo. Verás, estaban en un bote en el lago. Jesús estaba con ellos, pero se había quedado dormido. De repente, se desató una terrible tormenta. Convengamos en que los discípulos eran pescadores profesionales. Habían navegado en medio de muchas tormentas. ¡Pero estas olas eran enormes! ¡Y el viento se sentía como si los fuera a arrojar por la borda! Aterrorizados, se apresuraron a despertar a Jesús. Y le preguntaron: «¿No te importa que nos ahoguemos?» (Marcos 4:38). ¡Por supuesto que a Jesús le importaba! Simplemente no estaba preocupado por esta. Así que le dijo que se aquietara, ¡y así sucedió! Luego les preguntó a los discípulos: «¿Por qué tienen miedo?» (Mateo 8:26). ¿No se daban cuenta de que Aquel que creó el viento y las olas estaba allí con ellos? Por eso no debían tener miedo.

Y tú tampoco. Si alguna vez te asusta una tormenta cuéntale a Jesús acerca de tus temores. Puede que Él aquiete la tormenta o que acalle tus temores. De cualquier manera, Él estará allí contigo en medio de esa situación.

¿LO SABÍAS?

La mayor tormenta registrada alguna vez fue el inmenso tifón Tip, que azotó el Océano Pacífico occidental y a Japón el 12 de octubre de 1979. (Un tifón es un huracán en el Océano Pacífico occidental). Fue tan grande que podría haberse extendido desde Dallas, Texas, hasta la ciudad de Nueva York. ¡Los vientos alcanzaron más de 190 millas por hora! Sin embargo, incluso esa poderosa tormenta era como una brisa de verano en comparación con el poder y la fuerza de Dios.

PADRE, CUANDO VENGAN LAS TORMENTAS, CONFIARÉ EN TI SABIENDO QUE ME CUIDARÁS. ERES MÁS FUERTE QUE CUALQUIER TORMENTA. AMÉN.

73

NO RETENGAS NADA

Entréguense a Dios.

SANTIAGO 4:7, PDT

TU MAMÁ TE PIDIÓ que limpiaras tu habitación. Así que lo haces. Bueno, *más o menos*. Es decir, haces la cama, recoges todo lo que está en el piso y limpias el escritorio. Solo que metes todos los libros, juguetes, ropa y basura en el armario. Ahora tu armario está tan lleno que apenas puedes cerrarlo. Incluso hay un envoltorio de un dulce y una manga de una de tus camisas que se asoman. Cuando tu mamá entra para revisar tu habitación se dirige directamente al armario. ¿Por qué? Porque ella sabe lo que la puerta del armario está reteniendo: ¡un montón de basura!

Así como no se puede engañar a las madres, tampoco se puede engañar a Dios. Dios te pide que te entregues completamente a Él, sin reservas, y sabe cuánto te estás guardando. Él conoce cuando tratas de ocultarle cosas; como cuando juegas a ese videojuego que tus padres no saben; cuando finges que te estás cepillando los dientes, pero todo lo que realmente haces es meter el cepillo de dientes debajo de la llave de agua y mojarlo; cuando pasas tiempo con ese amigo que sigue presionándote para que hagas cosas que sabes que no debes hacer; o cuando le ocultas a Dios ese pecado secreto del que estás tan avergonzado.

Dios lo sabe todo, y eso es algo realmente bueno. Dios no usará eso que te estás guardando y ocultando como una razón para no amarte, ayudarte o salvarte. Más bien lo usará para mostrarte cuán grande es su amor, cuán dispuesto está a ayudarte y cuánto quiere salvarte. No trates de ocultarle tus errores. Y no te guardes nada. Porque cuando Dios envió a Jesús para salvarte, Él no se guardó nada para sí.

¿LO SABÍAS?

¡Los castores son los maestros de la retención! (de retener agua). Usan sus afilados dientes para talar árboles. Luego utilizan esos árboles, junto con ramas y barro, para construir represas en medio de los arroyos y riachuelos. Las represas retienen el agua, cambiando la forma de la tierra y creando estanques donde ellos pueden esconderse de depredadores como lobos, coyotes, osos y águilas.

SEÑOR, MUÉSTRAME SI HAY ALGO QUE ME ESTÉ GUARDANDO. AYÚDAME A ENTREGARME SIN RESERVAS A TI. AMÉN.

74

EVIDENCIAS EN LA CREACIÓN

En el principio, Dios creó los cielos y la tierra.

GÉNESIS 1:1

ALBERT EINSTEIN FUE UN científico brillante, pero alguna vez fue un niño como tú. Un día, cuando estaba enfermo y en cama, su padre le hizo un regalo. Ese regalo le cambió la vida. Era una brújula, y le fascinó por completo. No importaba cómo la sacudiera o en qué dirección la girara, esa pequeña aguja siempre encontraba el rumbo de regreso al norte.

¿Qué era lo que movía la aguja? Einstein dijo más tarde: «Todavía puedo recordar, o al menos creo que puedo recordar, que esta experiencia me causó una impresión profunda y duradera. Algo sumamente oculto tenía que estar detrás de las cosas.»

Ese algo oculto eran los campos magnéticos de la tierra, creados por el poder de Dios. Él creó la tierra, el universo, y *todo* lo que existe. Es su poder el que puso todo en movimiento, desde la rotación de las estrellas hasta la caída de la lluvia, y el mismo aire que inhalas en tus pulmones. Y es su amor y cuidado lo que mantiene todo en marcha (1 Corintios 8:6). Hay personas que nunca han leído la Biblia ni han escuchado la verdad de Jesús. Pero incluso ellos tienen que saber que hay un Creador talentoso detrás de cada amanecer, de cada flor silvestre, de cada árbol y de cada pluma de los pájaros. Hay evidencias de Dios en toda la creación (Romanos 1:20).

¡Todo lo que tienes que hacer es admirar a tu alrededor la creación de Dios para saber que Él es real y asombroso!

SEÑOR, MIENTRAS TRANSITO ESTE DÍA ABRE MIS OJOS PARA QUE PUEDA VER TODA LA MARAVILLOSA EVIDENCIA QUE ME DICE QUE ERES REAL Y QUE REALMENTE ERES DIOS. AMÉN.

¡PREPÁRATE PARA RUGIR!

Toma una lupa y emprende una búsqueda del tesoro a través de la creación de Dios. Trata de encontrar todas las cosas que puedas: hojas, flores silvestres, insectos, telas de araña, rocas, briznas de hierba, plumas de pájaro, bellotas, cortezas de árbol, semillas y piñas secas. Examina cada una con tu lupa. Fíjate en todos los detalles. ¿Qué ves? ¿Qué más puedes encontrar? ¿Y qué te dicen tus descubrimientos acerca de Dios?

75 JORNADAS ESCOLARES NO TAN MARAVILLOSAS

Pero el Señor me dijo: «Mi bondad es todo lo que necesitas, porque cuando eres débil, mi poder se hace más fuerte en ti».

2 CORINTIOS 12:9, PDT

ESTÁS SENTADO EN EL escritorio de tu escuela, mirando el examen. Los únicos sonidos de la sala son el trazo de los lápices y la maestra acomodando sus papeles. Todos los demás están trabajando, pero tú no tienes idea de cómo comenzar. Las palabras de la hoja son solo un embrollo. No tienes idea de qué hacer, y ya puedes presentir que vas a tener otra mala calificación.

¿Te ha pasado alguna vez? Para algunos la escuela es muy fácil, pero para otros es una pesadilla. Tal vez te sientas de esa manera porque crees

que nunca podrás descubrir cómo hacer el examen. Tal vez sea solo en lengua, o en matemática o en ciencias, o tal vez te suceda en todas las materias. Tú escuchas, prestas atención, pero hay algunas cosas que parece que no logras entender.

O tal vez no se trata de tu desempeño escolar. Quizás tienes un maestro duro, un compañero de clase difícil o no tienes amigos. Cualquiera sea la razón, hay ocasiones en las que la escuela puede resultarte complicada. Y puedes llegar a sentirte atrapado porque, aun así, tienes que ir todos los días.

Sin embargo, recuerda que no estás solo. Dios está contigo, y Él promete darte la fuerza que necesitas para seguir adelante. ¿Eso significa que Él te dará las respuestas de ese gran examen? No. Pero sí que te ayudará a recordar que eres mucho más importante que cualquier número, calificación o prueba de popularidad. Sin importar lo que diga tu boletín de calificaciones, eres un estudiante estrella para Él.

SEÑOR, CUANDO LA ESCUELA SE VUELVA DIFÍCIL, MUÉSTRAME QUE SOY MUCHO MÁS IMPORTANTE PARA TI QUE CUALQUIER NÚMERO O CALIFICACIÓN. AMÉN.

¿LO SABÍAS?

La primera escuela pública abrió en los Estados Unidos antes de que existiera como país. La Escuela Latina de Boston abrió sus puertas el 23 de abril de 1635 en Boston, Massachusetts. Los estudiantes aprendían latín, griego y otras pocas materias. John Hancock (cuya firma era la más grande en la Declaración de la Independencia) fue a esa escuela de Boston, y también lo hizo Benjamín Franklin, ¡pero abandonó sus estudios! (Por cierto, la mayoría de las universidades de la *Ivy League* en Estados Unidos, incluidas Princeton, Harvard y Yale, fueron fundadas por la iglesia).

76

SÉ COMO BERNABÉ

Aliéntense y edifíquense unos a otros.

1 TESALONICENSES 5:11

IMAGINA ESTA ESCENA: TÚ Y tu mejor amiga hacen la prueba para el equipo de baloncesto, ¡y ambas lo logran! La siguiente semana de todo lo que hablarán es de lo divertido que será estar juntas. Pero el día anterior a la primera práctica, tu amiga tropieza y se tuerce un tobillo. No podrá volver a jugar durante semanas y tiene que usar muletas. Así que está molesta, triste y decepcionada. ¿Qué harías tú?

El tema es que en ocasiones la vida es difícil. Todos tenemos días malos y días tristes. Y, así como tú necesitas que la gente te anime, otras personas, como esa amiga, también necesitan aliento.

La Biblia cuenta que había un muchacho llamado Bernabé. En realidad su nombre era José, pero los discípulos lo apodaron Bernabé, que significa «el que da ánimo» (Hechos 4:36). ¿No es ese el mejor apodo? Imagina que eres tan bueno animando a los demás que todos tus amigos comienzan a llamarte «el que da ánimo». Ahora, claro, Bernabé hizo algunas cosas importantes, como predicar de Jesús a grandes multitudes. Pero también ayudó a los nuevos creyentes a insertarse en la iglesia, y estaba dispuesto a darles una segunda oportunidad a los amigos que se habían equivocado. Eran esas pequeñas cosas por las que Bernabé era más conocido. Tal vez eso se deba a que el motivar a otros no es algo insignificante en lo absoluto. Es muy importante, especialmente para el que está siendo alentado.

Entonces, ¿cómo podrías alentar a tu amiga que está lesionada? Tal vez ayudándola a estudiar el manual de estrategias del equipo, o alcanzándole la pelota mientras practica sus tiros.

¿Qué puedes hacer por las personas que te rodean hoy? Sé creativo. Sé alguien que alienta a los demás. ¡Sé como Bernabé!

SEÑOR, MUÉSTRAME A QUIÉN PUEDO ANIMAR Y CÓMO PUEDO BRINDAR ALIENTO HOY. AMÉN.

¡PREPÁRATE PARA RUGIR!

¿Para qué eres realmente bueno? ¿Para cantar, dibujar, plantar flores, cocinar o para construir cosas? ¿O tal vez para escuchar o escribir notas de afecto? Escribe tres cosas en las que eres realmente bueno. Junto a alguna de ellas, detalla una forma en la que puedas usar ese don para alentar a otra persona. Tal vez puedas enseñarles canciones de alabanza a los niños más pequeños, hornear galletas para un vecino, ayudar a una amigo más pequeño a aprender a andar en monopatín o enviar una nota a un amigo que está teniendo un día difícil. No tiene que ser larga, solo demuéstrale que te interesas por él.

77

¡ADVERTENCIA, ADVERTENCIA!

El Espíritu Santo me dice.

HECHOS 20:23

EN INGLATERRA, EN 1902, George Andrew Darby inventó una de las primeras alarmas de incendio. Escondida dentro de la alarma había una barra de mantequilla, ¡sí, tal como lees! Si la temperatura subía lo suficiente como para derretir la mantequilla se activaba la alarma. Desafortunadamente, la alarma era tan grande y voluminosa que solo se podía usar en los edificios más grandes. Recién en 1955 se hizo una alarma para los hogares, pero era tan costosa que la mayoría de la gente no podía adquirirla. Afortunadamente, en estos días, la mayoría de las casas tiene algún tipo de alarma para incendio. Estas nos advierten del peligro y nos dan tiempo para ponernos a salvo.

Eso es lo que hace el Espíritu Santo también. Te advierte del pecado y de otros peligros para que puedas ponerte a salvo. El Espíritu Santo es el Espíritu de Dios que viene a vivir dentro de ti cuando decides seguir a Cristo. Él te enseña, te guía y te ayuda a recordar la Palabra de Dios (Juan 14:26). *Y* te advierte cuando estás cerca del peligro. Probablemente su advertencia no sea grande y estruendosa como una alarma de incendio. Más bien, traerá un versículo a tu mente para recordarte que debes hacer lo correcto. O usará a algún amigo para advertirte que no hagas algo o que no vayas a cierto lugar. O «inquietará» tu corazón para decirte que algo no está bien. Pero el Espíritu Santo nunca, nunca, está en desacuerdo con la Palabra de Dios. Así que presta atención y escucha sus advertencias, y permite que Él te ayude a mantenerte alejado del peligro.

· **QUERIDO DIOS, POR FAVOR AYÚDAME A ESCUCHAR Y SEGUIR LAS ADVERTENCIAS DE TU ESPÍRITU SANTO. AMÉN.**

¡PREPÁRATE PARA RUGIR!

Ojalá que nunca se produzca un incendio en tu casa, pero es bueno tener listo un plan de escape. Pídeles a tus padres que te ayuden. Primero, encuentra dos formas de escapar de cada habitación. Asegúrate de que las puertas y ventanas sean fáciles de abrir. Es posible que necesites una escalera plegable para los pisos superiores. (Si vives en un apartamento, nunca te subas a un ascensor si hay un incendio). Y elige un lugar afuera como punto de reunión. A continuación, practiquen el plan. Lo más importante de todo es que se aseguren de que haya alarmas que funcionen en todos los pisos de la casa, ¡para que haya muchas

78

¡MUÉSTRALES EL CAMINO!

Sé un ejemplo para todos los creyentes en lo que dices, en la forma en que vives, en tu amor, tu fe y tu pureza.

1 TIMOTEO 4:12

ERES UN LÍDER, ES cierto. Pero puede que estés pensando: *No. Ese no soy yo. Soy el que se sienta en la última fila cada vez que puede. Soy el que mira al suelo cuando el profesor pide un voluntario. No, definitivamente no soy un líder.*

Pero lo eres. Porque todos lo somos. No importa la edad que tengas, lo callado que seas o lo mucho que te escabullas detrás de tu escritorio para esconderte, alguien te está mirando para ver lo que haces. Podría ser alguien de tu clase. Puede ser un hermano, una hermana, un vecino o un niño más pequeño que tú. Pero siempre alguien te está mirando. Y es por eso que debes tener cuidado de cómo y a dónde los conduces.

¿Eso significa que tienes que pararte delante de todos y comenzar a decirle a la gente qué hacer? ¡No! De hecho, esa sería una muy mala idea. Pero debes tratar de dar un buen ejemplo a quien pueda estar mirándote. Asegúrate de que las palabras que digas sean amables, provechosas y verdaderas. Ayuda a los demás siempre que puedas, en lo importante, o en lo simple y cotidiano. El liderazgo no se trata de tener un título importante o de estar a cargo. Se trata de dar un buen ejemplo. Muéstrale al mundo cuánto amas a Dios, amando a quienes te rodean. ¡Y entonces estarás mostrándoles el camino!

¡PREPÁRATE PARA RUGIR!

Busca a algunos amigos y jueguen a seguir al líder. Elijan a una persona que será el líder. Todos los demás se alinearán detrás de él o ella. El líder entonces comenzará a moverse (puede saltar, hacer sentadillas, dar vueltas, caminar como un pato o lo que quiera hacer). Y todos los demás deberán copiar lo que él hace. Quien no lo haga quedará fuera. La última persona que quede se convertirá en el nuevo líder. Mientras juegas, recuerda que la gente está observando cómo lideras.

DIOS, AYÚDAME A SER BUEN EJEMPLO Y A SER UN LÍDER PARA QUIEN PUEDA ESTAR OBSERVÁNDOME. AMÉN.

79

UN BUEN PLAN

Pues yo sé los planes que tengo para ustedes —dice el Señor—. Son planes para lo bueno y no para lo malo, para darles un futuro y una esperanza.

JEREMÍAS 29:11

IMAGINA QUE ESTÁS EN una montaña rusa por primera vez. Vas subiendo lentamente una enorme colina, y sabes que desde la cima vas a volver a bajar. Pero ¿qué va a pasar después de eso? ¿Habrá un gran giro? ¿Quedarás cabeza abajo? ¿Habrá otra colina? Solo debes esperar y ver.

Los planes de Dios para ti pueden ser algo parecido a esa montaña rusa. Grandes, enormes, emocionantes y, a veces, inesperados. Porque Dios no te dirá cada detalle de sus planes, solo el primer, y tal vez también el segundo, paso siguiente. Y, al igual que en esa montaña rusa, tendrás que esperar para saber qué viene después. Otra cosa que debes saber acerca de los planes de Dios es que son grandes y muy importantes para Él y para su reino. Y tal vez también parezcan inmensos y muy importantes a los ojos del mundo, como liderar una iglesia, convertirte en misionero o escribir un libro acerca de Dios. *O quizás* tengan más que ver con cuidar a un amigo, limpiar un aula o usar títeres para contar una historia bíblica. El mundo podría decir que son pequeñas cosas, ¡pero para Dios son enormes!

Dios tiene planes para ti, y siempre son planes buenos. Saber eso puede darte la valentía para seguirlo, especialmente cuando para ti no tengan sentido. Confía en Dios, y Él encaminará todo para tu bien.

QUERIDO DIOS, CREO QUE TIENES UN PLAN PERFECTO PARA MI VIDA. POR FAVOR, DAME EL VALOR DE SEGUIRTE INCLUSO CUANDO NO LO ENTIENDA. AMÉN

¿LO SABÍAS?

Dios es el que dirige el plan que tiene para nuestras vidas, y a veces usa nuestras vidas para ayudar a los demás. O, como la Madre Teresa, para ayudar a *miles y miles* de personas. La Madre Teresa tenía sólo doce años cuando descubrió que quería ayudar a los pobres. Se hizo monja y dedicó su vida a ayudar a los más pobres de entre los pobres de la India. Creó refugios, ayudó a los leprosos y abrió un hogar para huérfanos. Dios la usó no solo para ayudar a los demás, sino para mostrarle al mundo que cada persona, sin importar lo enferma, pobre o perdida que estuviera, es preciosa para Él.

80

UN MIEDO DE LOCOS

Oré al Señor, y él me respondió; me libró de todos mis temores.

SALMOS 34:4

ALGUNOS TEMORES SON PERFECTAMENTE lógicos. Por ejemplo, si sales de tu casa y ves a un oso pardo gigante y gruñón, que corre por la calle y se dirige directamente hacia ti, tiene sentido tener miedo. Es posible que te preguntes cómo esa enorme bestia peluda está en tu barrio, así que tenerle miedo sería perfectamente razonable.

Sin embargo, otros temores no son tan lógicos. Como me sucede a mí con las arañas. Las odio de verdad. Racionalmente, sé que soy un millón de veces más grande que ellas y que podría aplastar a una con mi dedo pequeño, cubierto con una enorme bota con punta de acero, por supuesto. Pero cuando veo una araña, todo lo que puedo pensar es en esas ocho pequeñas patas peludas que se deslizan por mi brazo. Sé que mi miedo es una locura, pero si veo una araña salgo corriendo. ¡Y ni me hables de las serpientes!

Tal vez tú también tengas algún miedo extraño. Tal vez sea un miedo a los números, que, por cierto, se llama *aritmofobia*. O tal vez sea solo miedo al número ocho: la *octofobia*. Tal vez tengas miedo a las alturas o a hablar frente a la gente. El hecho de que tu miedo te parezca una locura no significa que no tengas miedo. Sin embargo no debes dejar que el miedo te impida experimentar todo lo que Dios ha planeado para ti. Claro, puede haber arañas en esa cabaña, pero no me pienso perder ese viaje donde acamparemos. Tampoco tú te debes perder nada: ya sea subirte a la montaña rusa más alta, contarle a la gente de Jesús o incluso visitar la exhibición de pulpos en el zoológico. Entrégale tus temores, locos o no, a Dios, y Él te ayudará a ser valiente.

¿LO SABÍAS?

Algunas personas no solo les tienen miedo a los osos; están aterrorizadas cuando ven cualquier tipo de osos. Ese miedo se llama *agrizoofobia*. No tengo idea de cómo se pronuncia, pero sí sé que significa un miedo a todo tipo de osos, ya sean pardos enojados, negros errantes o inclusive osos pandas lindos y tiernos. ¡Incluso describe a las personas que les tienen miedo a los osos de peluche!

SEÑOR, NO QUIERO QUE MIS MIEDOS, NORMALES O LOCOS, ME ALEJEN DE TODO LO QUE HAS PLANEADO PARA MÍ. CONFIARÉ EN TI, SABIENDO QUE ME AYUDARÁS A SER VALIENTE. AMÉN.

81

EXTIENDE TU MANO

No se ocupen solo de sus propios intereses, sino también procuren interesarse en los demás.

FILIPENSES 2:4

SI ERES COMO YO, eres consciente de los problemas que hay a tu alrededor. Quieres ayudar, pero terminas pensando algo así: *Veo a las personas sin hogar en mi ciudad, pero es un problema tan grande, que me pregunto ¿cómo puedo ayudar yo? Veo a ese niño a quien empujan en la escuela, pero temo que esos niños malos se vuelvan contra mí si les digo algo. ¿Qué pasa si solo empeoro las cosas en mi contra? Mi maestra de escuela* *dominical quiere que sea parte de un sketch que harán para toda la iglesia, pero ¿qué pasa si lo arruino? Quiero ser valiente y hacer cosas buenas, pero... Tengo miedo.*

Lee ese último párrafo de nuevo. Cuenta cuántas veces aparecen las palabras *yo, mi, a mí, me. Demasiadas* veces en un solo párrafo. Esa es la verdadera razón por la que no somos valientes tan a menudo como podríamos y deberíamos serlo: pensamos y nos preocupamos demasiado por nosotros mismos. Sin embargo, hay una solución para eso. Cambia el enfoque de tus pensamientos de ti hacia los demás, y piensa en las maneras en las que puedes acercarte y extenderles la mano para ayudarlos.

En otras palabras, no tienes que ayudar a todas las personas sin hogar del planeta. Solo sonríele y ofrécele una botella de agua a uno. No tienes que enfrentarte a todos los niños malos de la escuela. Solo invita a ese niño a quien siempre empujan a que se siente contigo. Y ese sketch no tiene que ganar un Premio Oscar, así que deja de preocuparte tanto y colabora en lo que te pidan. Porque una de las mejores maneras de ser valiente es extender tu mano y ayudar a los demás.

SEÑOR, AYÚDAME A PENSAR MENOS EN MÍ Y MÁS EN LOS DEMÁS. AMÉN.

¡PREPÁRATE PARA RUGIR!

¡Es hora de hacer algo que me gusta llamar «Operación Extiende tu Mano»! Haz una lista de todas las cosas que puedes hacer para ayudar a los demás. Puedes incluir algunas como: juntar calcetines y guantes para las personas sin hogar, escribir una nota para algún abuelito del hogar de ancianos, invitar al niño nuevo de la escuela a jugar, o cooperar en una tarea adicional en tu casa. Una vez que hayas terminado la lista, ¡levántate y extiende tu mano!

82

PON TUS OJOS EN EL HIJO

De inmediato, Jesús extendió la mano y lo agarró.

MATEO 14:31

MATEO 14:31 ES UNO de mis versículos favoritos de todos los tiempos, y se debe a dos pequeñas palabras: *de inmediato*. Este versículo aparece cerca del final del breve paseo de Pedro sobre las aguas. ¿Escuchaste alguna vez esa historia? ¡Es increíble! Déjame decirte lo que sucedió.

El Hijo de Dios, Jesús, envió a los discípulos a la barca para que cruzaran el lago mientras Él se fue a la cima de una colina para tener una conversación agradable y pacífica con Dios. Los discípulos, sin embargo, no vivieron un momento tranquilo. Un gran viento comenzó a soplar, golpeando el bote, y grandes olas se estrellaban contra ellos. Luego, vieron a alguien caminando hacia ellos en el agua. ¡Estaban aterrados! (¿Quién no lo estaría?). Pero Jesús les dijo: «Soy yo» (Mateo 14:27). Y Pedro le respondió: «Señor, si realmente eres tú, ordéname que vaya hacia ti caminando sobre el agua» (v. 28). Jesús lo hizo, y Pedro salió de esa barca y *caminó sobre el agua*. Pero en algún lugar, entre la barca y el Hijo de Dios, Pedro apartó los ojos de Jesús y miró el viento y las olas. Y comenzó a hundirse. «¡Señor, sálvame!», gritó Pedro (v. 30). De inmediato, Jesús extendió la mano y lo agarró.

¿Captaste eso? *De inmediato*. Jesús no rezongó. No se detuvo a pensar si Pedro «valía» lo suficiente como para salvarlo. De inmediato extendió la mano y lo tomó. ¿Por qué es mi parte favorita? Porque algunas veces, todos quitamos nuestros ojos del Hijo de Dios. Cuando comenzamos a hundirnos, todo lo que tenemos que hacer es llamarlo, y Jesús inmediatamente se acercará y nos salvará. *Él te salvará.*

SEÑOR, GRACIAS POR ESTAR SIEMPRE LISTO Y DISPUESTO A TOMARME DE LA MANO Y SALVARME. AMÉN.

¿LO SABÍAS?

Bucéfalo era el caballo de Alejandro Magno. (Alejandro era un famoso líder militar que vivió antes de que Jesús naciera). Bucéfalo era un enorme y magnífico semental negro pero nadie podía montarlo, hasta que llegó Alejandro y lo giró para que se enfrentara al sol. Verás, Alejandro se dio cuenta de que Bucéfalo tenía miedo de su propia sombra. Y cuando hacía que los ojos del caballo se enfocaran hacia el sol no podía ver lo que lo asustaba. Lo mismo sucede con nosotros cuando fijamos nuestros ojos en Jesús, el Hijo de Dios. Cuando lo miramos a Él, dejamos de enfocarnos en nuestros temores.

83

ESTÁ BIEN NO ESTAR BIEN

Jesús lloró.

JUAN 11:35

ESTÁ BIEN NO ESTAR bien. Está bien que algo nos duela, llorar o estar enojados. Está bien sentir que todo es detestable. Porque ¿sabes algo? Todo el mundo pasa por momentos difíciles. No todos los días iremos a pasear en bicicleta bajo el sol. Suceden cosas malas, tristes y dolorosas. Y se necesita valor para admitir que estás luchando y no solo fingir que todo está bien.

Sin embargo, no puedes permanecer en ese lugar. No puedes montar una tienda de campaña en medio de esos sentimientos desagradables y simplemente acomodarte allí por el resto de tu vida. Tienes que decidir qué vas a hacer con eso que sientes, y hacerlo. Y lo mejor que puedes hacer es rendirle todos esos sentimientos desagradables a Jesús. Ahora, tal vez estés pensando: *No quiero depositar todos estos pensamientos feos sobre Jesús. Él es tan bueno y perfecto... ¿y si no me entiende?* Pero ese es uno de los motivos principales por los que Jesús vino a la tierra. Para poder comprender todo lo que estás pasando. Jesús lloró. Se enojó. Fue traicionado y herido. Y, debido a que pasó por todo eso, sabe exactamente cómo ayudarte. Él te consolará, te guiará y te ayudará a hacer lo que debes hacer, ya sea perdonar a alguien, seguir adelante o sacudirte el polvo y volver a intentarlo.

Así que sí, está bien no estar bien. Pero no te lo guardes para ti. Habla con Jesús. Porque también está bien sentirse nuevamente bien.

SEÑOR, ESTOY TAN AGRADECIDO DE PODER COMPARTIR INCLUSO MIS PEORES PENSAMIENTOS Y SENTIMIENTOS CONTIGO. SÉ QUE ME AYUDARÁS A ESTAR BIEN DE NUEVO. AMÉN.

¡PREPÁRATE PARA RUGIR!

Después de que Jesús lloró, fue a ayudar a sus amigos (Juan 11:17-44). Cuando estaba enojado porque los cambistas estaban engañando al pueblo de Dios, defendió lo que era correcto (Marcos 11:15-17). E incluso cuando sabía que iba a ser traicionado y herido, hizo lo que Dios quería que hiciera (Juan 13). Cuando albergues todos esos sentimientos desagradables, recuerda lo que hizo Jesús y trata de hacer lo mismo: ayuda a alguien, defiende lo que es correcto y haz lo que sabes que Dios quiere que hagas.

84

CÁMBIALO

Te guiaré por el mejor sendero para tu vida; te aconsejaré y velaré por ti

SALMOS 32:8

¿ALGUNA VEZ HAS TENIDO un día en el que todo parece salir mal? El despertador no suena, así que llegas tarde. En tu prisa por cepillarte los dientes, una gran cantidad de pasta de dientes mancha toda tu camisa. La parte posterior de tu cabello sobresale como una especie de extraña cola de pájaro. ¿Podría salir algo peor? Sí. Porque cuando agarras tu mochila, todo se te cae y descubres que el perro se comió tu tarea.

Entonces te toca apresurarte y salir corriendo por la puerta... justo a tiempo para descubrir que el autobús escolar te acaba de dejar. ¡Guau! ¡Qué día tan horrible! Y apenas está empezando.

Allí es donde tienes que tomar una decisión: ¿Vas a lamentarte, gruñir, quejarte y dejar que el resto de este día se deslice cuesta abajo porque has tenido una mañana difícil? ¿O vas a respirar profundo, recobrar fuerzas y cambiar ese sentimiento?

No dejes que una mala mañana arruine todo tu día. En otras palabras, no dejes que *nada* arruine tu día.

¡Cámbialo! Claro, tu mañana comenzó de manera deplorable, pero Dios sigue siendo bueno y aun derrama su bondad sobre tu vida. Pídele que te ayude a ser consciente de ello. Luego averigua algo bueno que puedas hacer por alguien y hazlo. Esa es una de las mejores maneras de cambiar un mal día.

SEÑOR, CUANDO PAREZCA QUE TODO ESTÁ SALIENDO MAL, MUÉSTRAME TODAS LAS COSAS QUE ESTÁN SALIENDO BIEN. AMÉN.

¿LO SABÍAS?

Algunas personas piensan que el martes 13 está condenado a ser un mal día. Incluso hay un nombre para ese miedo: *trezidavomartiofobia*. (¡Ni siquiera voy a tratar de pronunciar eso!) Otras personas piensan que el número trece es desafortunado, pero eso es solo una superstición. De hecho, para los panaderos en Inglaterra, allá por la década de 1200, trece era un número de buena suerte. Verás, si su docena de piezas de pan se horneaban un poco pequeñas, ¡podrían ser acusados de engañar a sus clientes! Para estar seguros, los panaderos les daban a los clientes trece panes, lo que pasó a denominarse: «la docena de los panaderos».

85

ORACIONES OSADAS

Acerquémonos con toda confianza al trono de la gracia de nuestro Dios.

HEBREOS 4:16

CUANDO LEES ACERCA DE la valentía en la Biblia, ¿en quién piensas? ¿En Abraham que dejó todo para seguir a Dios? ¿En Sadrac, Mesac y Abed-nego frente al horno de fuego? ¿O tal vez en Débora, la un líder que se dirige a la batalla? Pero, ¿alguna vez pensaste en Ana?

¿Ana? ¿No es ella la señora que oraba por un bebé? ¿Qué tiene de valiente eso? La valentía de Ana residía en el modo en que rindió *por completo* el sueño de su corazón a Dios, de forma tan *radical* que las lágrimas brotaban de sus ojos. Ana le confió a Dios los anhelos más profundos de su corazón, y Dios la bendijo.

¿Alguna vez has tenido problemas para pedirle a Dios por ese sueño de tu corazón? ¿Tal vez crees que es un poco egoísta? Dios quiere que te acerques a Él *por todo*, no solo por aquello que necesitas o solo para hacer peticiones por los demás. Pídele aquello que anhelas y sueñas. Luego ora como lo hizo Jesús: «Quiero que se haga tu voluntad, no la mía» (Marcos 14:36). Eso significa que estás dispuesto a aceptar la respuesta de Dios y a alabarlo sin importar lo que te suceda, incluso si no obtienes lo que quieres. Ya sea que su respuesta sea «no», «sí», o «no en este momento», ¡Él tiene cosas maravillosas para tu futuro!

DIOS, QUIERO CONTARTE TODOS MIS DESEOS Y SUEÑOS. AMÉN.

¿LO SABÍAS?

Si alguna vez te encuentras con un miembro de la familia real de Gran Bretaña, hay algunas reglas que debes conocer. Al presentarte por primera vez, debes hacer una reverencia o inclinar la cabeza. Nunca les des la mano a menos que te la ofrezcan primero. Sé puntual: un miembro de la realeza nunca debería tener que esperar. No te sientes ni comas hasta después de que ellos lo hagan. Y nunca, nunca hables a menos que ellos te hablen primero. ¡Vaya! ¡Y esas son solo algunas de las reglas! Sin embargo, no debes preocuparte por seguir ninguna regla cuando se trata de hablar con el Rey de toda la creación. Debido a que Jesús vino y abrió un camino para que pudiéramos hablar con Dios, ¡puedes hablar con Él en cualquier momento, en cualquier lugar y acerca de cualquier cosa!

86

NUNCA TE CANSES

Los que confían en el Señor encontrarán nuevas fuerzas; volarán alto, como con alas de águila. Correrán y no se cansarán; caminarán y no desmayarán.

ISAÍAS 40:31

¿SUELES SENTIRTE CANSADO? ¿HAS tenido mañanas en las que solo querías arrastrarte de nuevo a la cama y taparte con las sábanas hasta cubrirte la cabeza? Yo sí. Y te contaré un secreto: a veces incluso me canso de tratar de hacer las cosas buenas que sé que Dios quiere que haga. ¿Te pasa eso?

Porque no todo el mundo dice «gracias» cuando lo ayudas. Algunas personas hasta se molestan cuando haces lo correcto. (Como cuando te niegas a dejar que un compañero de clase copie las respuestas de tu tarea, y luego te culpa porque obtuvo una mala calificación. ¿Qué tal?) Y, a veces, de todos modos, parece que nadie se diera cuenta de las cosas buenas que haces, así que ¿por qué te debes molestar en hacerlas?

¿Por qué? Porque tu Padre celestial siempre se da cuenta. Él ve las cosas que haces por los demás, incluso las que haces en secreto (Mateo 6:1-4). Y Él te dejó una promesa: confía en Él cuando estés cansado y Él te dará nuevas fuerzas; te hará tan fuerte como un águila que se eleva por los cielos. Nunca te canses al punto de dejar de hacer el bien (Gálatas 6:9). Deja que Dios llene tu corazón con el amor, la energía y la audacia que necesitas para mostrarle al mundo lo maravilloso que es.

SEÑOR, CUANDO ESTÉ CANSADO, AYÚDAME A RECORDAR POR QUÉ HAGO COSAS BUENAS. NO ES PARA MÍ, SINO PARA AYUDAR A QUE LOS DEMÁS TE VEAN A TRAVÉS DE MÍ. AMÉN.

¿LO SABÍAS?

El águila calva es el símbolo nacional de los Estados Unidos. Encontrarás su imagen en las estatuas, en los edificios e incluso en los billetes de ese país. De hecho, el águila impresa en los billetes de los Estados Unidos fue inspirada en un águila de la vida real, llamada Peter, que a menudo visitaba la primera Casa de la Moneda de los Estados Unidos, en Filadelfia, en la década de 1830. A Peter le encantaba sentarse en la maquinaria y observar a los trabajadores. Y los trabajadores también la amaban. ¡Pronto Peter tuvo acceso a todas las bóvedas de la Casa de la Moneda!

VER A DIOS

Nadie puede ver a Dios, pero Cristo es Dios en forma visible.

COLOSENSES 1:15, PDT

¿QUIERES SABER CÓMO ES Dios? ¿Si tiene ojos marrones o una esponjosa barba blanca? Bueno, no hay manera de saber exactamente cómo se ve Dios físicamente; al menos no hasta que lo veamos en el cielo algún día. Pero podemos saber cómo es su corazón.

¿Cómo? Mirando a Jesús y la forma en la que vivió cuando estuvo aquí en la tierra. Verás, la Biblia nos dice que Jesús es exactamente igual a Dios. Así que cualquiera que haya visto a Jesús ha visto a Dios (Juan 14:9). Y puedes ver a Jesús cuando quieras, al leer la Biblia.

¿Ves a Jesús? Es el joven que:

- Hablaba con personas con las que nadie más hablaba (Juan 4:1-42).
- Recibía a los niños con un gran abrazo (Mateo 19:13-15).
- Celebraba con sus amigos y lloraba con ellos (Juan 2:1-11; Juan 11:35).
- Perdonó a su amigo cuando se equivocó (Juan 21:15-17).
- Ayudaba a los que lo rodeaban a ser mejores personas (Mateo 5–7).
- Hacía el bien siempre que podía (Hechos 10:38).
- Amaba a los demás aún más que a sí mismo (Juan 3:16).

Así es Jesús. Y, debido a que leímos cómo era Él en la Biblia, sabemos entonces que Dios también es así. Eso es importante, porque seguir a Dios no siempre es fácil. Se necesita algo de valor. Así que debemos saber que el Dios a quien seguimos es un Dios bueno. ¡Y lo es! Solo observa a tu alrededor: Él es el autor de todo el bien.

¿LO SABÍAS?

¿Qué ves cuando te miras al espejo? Una imagen de ti mismo, por supuesto. Pero ¿sabías que no nos reconocemos en el espejo hasta que tenemos unos dieciocho meses? El ser humano es uno de los pocos seres de la creación que reconoce su propio reflejo. Algunos incluyen también a los monos y simios, delfines, orcas y elefantes. Pero la verdadera pregunta es esta: ¿Ven los demás la imagen de Jesús en ti

SEÑOR, TENGO MUCHAS RAZONES PARA AGRADECERTE POR HABER ENVIADO A JESÚS. Y UNA DE ELLAS ES QUE PUEDO VERTE A TRAVÉS DE ÉL. ¡GRACIAS! AMÉN.

88

NADA SE DESPERDICIA

Y sabemos que Dios hace que todas las cosas cooperen para el bien de quienes lo aman.

ROMANOS 8:28

CUANDO AMAS Y SIGUES a Dios, Él usa todo en tu vida para fortalecer tu fe. Usa las cosas buenas, como tener padres amorosos, para mostrarte cómo te ama. Utiliza los hechos cotidianos, como la puesta del sol, para mostrarte que Él siempre está allí. Usa lo inmenso, como las estrellas, para mostrarte su poder y majestad. Y utiliza lo pequeño, como los colores de los pétalos de una flor, para mostrarte cómo se preocupa por todos los detalles de tu vida. Con Dios nada es en vano, ni siquiera tus luchas cotidianas, porque Él las usa para hacerte más fuerte.

¿Cómo pueden las luchas hacerte más fuerte? Piensa en una mariposa antes de nacer. Si observas cómo lucha por escapar de su capullo, es posible que tengas la tentación de ayudarla. Sin embargo, la realidad es que es importante que esa mariposa lo haga sola. Porque, mientras lucha por escapar del capullo, ejercita los músculos de sus alas, que se vuelven más fuertes. Sin esa lucha sus alas serían demasiado débiles para poder volar. En otras palabras, debe luchar antes de poder volar.

¿Te encuentras peleando alguna «batalla» en este momento? Confía en que Dios la usará para hacerte más fuerte. Por ejemplo, si estás atravesando una situación difícil porque tu mejor amigo se mudó a una escuela diferente, Dios puede usar este tiempo para enseñarte que Él es el mejor amigo que podrías tener. Y, gracias a que has tenido una lucha en el área de las amistades, entenderás la importancia que tiene acercarte a alguien que necesita un amigo.

Cualquiera que sea tu lucha, habla con Dios al respecto. Confía en que Él no desperdiciará este momento difícil de tu vida. Y descubre las formas en las que esta batalla te está haciendo más fuerte.

¿LO SABÍAS?

Las mariposas son mucho más que solo alas bonitas. Mientras que la mayoría revolotea aproximadamente entre unas cinco a doce millas por hora, la mariposa patrón vuela a velocidades de hasta treinta y siete millas por hora. Pero ninguna puede volar en los días fríos. Esto se debe a que las mariposas son de sangre fría. ¡Sí, como las serpientes! Eso significa que necesitan absorber el calor del sol antes de poder volar.

SANTO PADRE, SÉ QUE NO DEJARÁS QUE MIS LUCHAS SEAN EN VANO. POR FAVOR, ÚSALAS PARA FORTALECER MI FE. AMÉN.

89 COMO SE SUPONÍA QUE DEBÍA SER

¡Miren, hago nuevas todas las cosas!

APOCALIPSIS 21:5

EN EL TERCER CAPÍTULO de Génesis aprendemos acerca de «la caída». Fue ahí cuando Adán y Eva mordieron un gran bocado de la única fruta que Dios les dijo que no comieran. Y fue allí también cuando todo tipo de pecado, de tristeza y de maldad vino al mundo. Adán y Eva tuvieron que abandonar el jardín del Edén. Y hemos luchado con el pecado desde entonces.

Aquí hay algo en lo que quizás no has pensado antes: las personas no fueron las únicas en caer. Verás, en el principio, Dios hizo que todo fuera bueno

(Génesis 1:31), *pero el pecado lo cambió todo.* Ya nada era como se suponía que debía ser. El mundo entero cayó, y el mundo entero está gimiendo (Romanos 8:22). Cada ardilla, arroyo, puesta del sol y caballito de mar se resiste y brama, se retuerce y gime, porque las cosas no son como se supone que deben ser. Espinas, tornados, veneno, cáncer y guerra, nada de eso se suponía que era parte de la creación de Dios.

Y un día desaparecerán. Un día Jesús volverá. Satanás será expulsado (Apocalipsis 20:10), y habrá un nuevo cielo y una nueva tierra (2 Pedro 3:10, 13). Y todo será exactamente como Dios lo diseñó para que fuera. No habrá pecado, ni tristeza, ni enfermedad ni dolor. Habrá paz, alegría, amor y belleza, y todo será mucho mejor y más lindo que cualquier cosa que pudiéramos imaginar. Lo mejor de todo es que veremos a Dios, y estaremos con Él para siempre.

SANTO PADRE, GRACIAS POR ENVIAR A JESÚS PARA QUE UN DÍA PUEDA ADMIRAR TU CREACIÓN TAL COMO SE SUPONÍA QUE DEBÍA SER. AMÉN.

¡PREPÁRATE PARA RUGIR!

Dios le dio al apóstol Juan una visión del cielo, y él escribió todo lo que vio. Compruébalo por ti mismo en Apocalipsis 21:1-4, 9-27. Imagínate todas las cosas que nunca volverás a necesitar hacer cuando la creación de Dios vuelva a ser como se suponía que debía ser, como ir al hospital, ponerte vendajes o utilizar pañuelos para secarte las lágrimas. ¿Qué otras cosas no necesitarás en el cielo? No obstante, hay algo que podrías necesitar: ¡Reconocer algunos colores adicionales, porque la gloria de Dios siempre brilla!

90

LA HISTORIA DE TU RUGIDO

¡Oh Sion, mensajera de buenas noticias, grita desde las cimas de los montes! Grítalo más fuerte, oh Jerusalén. Grita y no tengas miedo.

ISAÍAS 40:9

¿TIENES UNA HISTORIA FAVORITA? Tal vez se trate de un hombre con un traje para volar realmente genial que te impulsó a querer ser astronauta. O un detective súper inteligente que te hizo desear resolver misterios. O tal vez se trate de una mujer que pasó su vida ayudando a los pobres y que te inspiró a servir también a ti. Las historias nos hacen reír, llorar, maravillarnos y soñar. Nos enseñan, nos inspiran y nos ayudan a hacer cosas difíciles. Pero las mejores historias son las escritas por Dios.

Él escribe sus historias con las vidas de las personas que lo aman y lo siguen, y la Biblia está llena de esas historias. Escribió la historia de Abraham y Sara, de Ester, de Pedro, de Juan y de muchos más. Él usó sus vidas e incluso sus luchas para contarle al mundo acerca de su gran amor.

Y también está escribiendo la historia de tu vida. Mucho antes de que tú nacieras, Él planeó cómo sería tu historia. Él conoce cada giro y vuelta de la trama, y tiene un plan para resolver cada detalle (Salmos 139:16). Lo mejor de todo es que Él sabe cómo quiere que termine tu historia: que vayas al cielo con Él.

Pero tienes que dejar que Dios sea quien tiene la pluma. No le arrebates la pluma, fingiendo que tienes el control de tu vida y que puedes escribir tu propia historia. Sólo Dios tiene el control. Él quiere que la historia de tu vida ruja en este mundo, que sea una aventura épica, que te emocione y que ayude a otros a encontrarse con Él. Todo lo que tienes que hacer es ser lo suficientemente valiente como para soltar la pluma.

¿LO SABÍAS?

El rugido de un león es fuerte. Muy ruidoso. ¡Se puede escuchar hasta a cinco millas de distancia! Los científicos han medido el rugido del león, y dicen que puede alcanzar 114 decibeles, lo que lo hace unas veinticinco veces más fuerte que una cortadora de césped. Mientras que la mayoría de los animales tienen cuerdas vocales en forma de triángulo, Dios les dio a las cuerdas vocales del león la forma de un cuadrado, y eso es lo que hace que sus rugidos sean tan fuertes. Confía en Dios para que le dé forma a la historia de tu rugido, y verás lo lejos que serás escuchado.

SEÑOR, TE DOY LA PLUMA. ESCRIBE MI HISTORIA Y PERMITE QUE RUJA CONTANDO AL MUNDO LO MARAVILLOSO QUE ERES. AMÉN.

ACERCA DEL AUTOR

LEVI LUSKO es el fundador y pastor principal de la *Fresh Life Church* que tiene sedes en Montana, Wyoming, Oregon y Utah, Estados Unidos, así como transmisiones en línea de sus cultos. Es el autor de los *best sellers*: *A través de los ojos del león*, *Elige bien* y *Declaro la guerra*. Cuando Levi era un niño pequeño le encantaba jugar al tenis, andar en Jeeps, pasar tiempo en las montañas e ir a la iglesia, y aun hoy ama hacer esas cosas. Él y su esposa, Jennie, tienen un hijo, Lennox, y cuatro hijas: Alivia, Daisy, Clover y Lenya, que está en el cielo.

ACERCA DE LA ILUSTRADORA

CATHERINE PEARSON es suiza, y vive en las colinas de Lausana, Suiza. Con una licenciatura europea en ilustración, Catherine ha refinado un estilo de ilustración único y divertido. Le apasiona dar vida a las ideas de los clientes y cree que la ilustración puede hablarte cuando las palabras no lo logran. Su mirada aguda acerca del color y de la composición aporta una originalidad única y llamativa.

¿CUÁNTAS ANCLAS ENCONTRASTE?

LOS BARCOS TIENEN ANCLAS que evitan que estos se alejen de la orilla. Así también, a fin de evitar que nosotros nos alejemos de Dios a causa de las pruebas y tentaciones de este mundo, nos dio un ancla para que nos mantengamos cerca de Él. Esa ancla es Jesús. Así que cada vez que con mi familia vemos un ancla pensamos cuánto nos ama Dios al mantenernos conectados al cielo a través de su Espíritu que vive en nosotros. Él nos ama tanto que envió a su Hijo, Jesús, para salvarnos. De ahora en más, cada vez que veas un ancla recuerda cuánto te ama Dios.

Para ayudarte a recordar que Jesús es nuestra ancla hacia Dios, hay veinte anclas ocultas en las ilustraciones de este libro (incluida la que está a la vista en esta página). ¿Cuántas encontraste? Aquí es donde están ocultas: páginas 3, 12, 16, 20, 36, 40, 44, 52, 74, 78, 84, 88, 102, 104, 116, 134, 150, 166, 192.